상처 받지 않고 상처 주지 않는

착한 갑이
되는 기술

상처 받지 않고 상처 주지 않는

착한 갑이 되는 기술

코치 알버트 지음

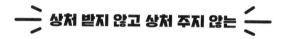

◆ 남에게 휘둘리지 않고 관계를 조종하는 법 ◆

Booksgo

작가의 말

관계를 바꿔드립니다

독자 여러분 반갑습니다. 코치 알버트입니다.

지금부터 엄청난 영업 비밀을 하나 공개하려고 합니다. 이 비밀을 알면 어디에 가도 정말로 용한 점쟁이가 될 수 있습니다. 이 이야기를 들은 모든 사람들이 맞다고 고개를 끄덕일 것이기 때문입니다.

용한 점쟁이처럼 보이기 위해선 준비물이 필요합니다. 타로카드, 수정구슬, 주역의 괘가 그려진 판 같은 것들이죠. 어느 것이든 당신이 신비한 일을 할 수 있다는 것을 암시하는 소품을 준비하면 됩니다. 그리고 상대방을 의미심장한 눈빛으로 바라보다가 눈을 감고 내면의 소리에 귀를 기울이는 것 같은 표정을 짓습니다. 그리고 잠시 침묵합니다. 분위기가 갖추어지면 마법의 문장을 내뱉으면 됩니다.

"가까운 사람 때문에 문제를 겪고 있군요."

아주 높은 확률로 상대방은 동의하며 고개를 끄덕일 것입니다. 그리고 당신은 처음 보는 사람의 문제를 정확히 꿰뚫는 점쟁이가 될 수 있습니다.

인생의 거의 모든 문제는 '사람과의 문제'에서 시작됩니다. 우리의 삶은 '누구'와 만나고 그 사람과 '어떤 관계'를 맺었으며 그 관계 속에서 '무엇을 주고받는가'에 의해 결정되기 때문입니다. 우리 삶의 질은 곧 관계의 질을 뜻합니다. 관계가 무너지면 삶도 무너집니다.

이 책은 '관계의 기술'을 다룹니다. 우리가 맺는 관계는 우리의 삶을 지옥으로 만들 수도 있고 천국으로 만들 수 있습니다. 그럼에도 불구하고 학교에서는 적절한 관계를 맺는 기술을 알려주지 않습니다. 그 결과 관계의 기술을 운 좋게 터득한 사람과 그렇지 못한 사람의 삶의 질에는 큰 차이가 생기게 됩니다.

그러면 관계의 기술을 통해 어떤 사람이 되어야 행복하고 성공적인 관계를 맺을 수 있을까요? 그 답은 '착한 갑'이 되는 것입니다.

'갑'이란 단어를 갑을관계에서의 갑이라는 의미보다도 영어의 '알파'를 우리말로 옮겨 사용했습니다. 영어권에서 '알파'는 특정 관계에서 우위의 포지션을 점한 사람뿐 아니라 관계에서 주도권을 가질 수 있는 사람의 자질을 뜻하기도 합니다.

우리가 되려고 하는 '착한 갑'의 특징은 '자신이 원하는 것을 안다.', '자신의 위치와 권리를 주장하고 지킬 수 있다.', '관계를 주도할 수 있다.', '자신감 있고 흔들리지 않는다.', '상대방을 원하는 방향으로 이끌어 원하는 것을 얻어낸다.' 착한 갑이 되면 관계는 무척 쉬워집니다. 사람들이 자연스레 이끌리기 때문이죠.

나는 독자 여러분이 갑이지만 상대방에게 이득과 도움을 주는 '착한 갑'이 되길 바랍니다.

이 책에서는 크게 관계의 기술을 세 부분으로 나누어 다룹니다. 첫 파트에서는 부모님, 형제자매보다 더 밀접하며 큰 영향을 주는 '자기 자신과의 관계'를 알려줍니다. 자신과의 관계가 엉망인 사람이 타인과의 관계를 잘 맺는 것은 매우 힘든 일입니다.

그래서 당신이 자신과의 관계를 회복하고 더 나아가 발전시킬 수 있도록 돕고자 합니다.

두 번째 파트는 파괴적인 관계를 피하고 긍정적인 관계를 만들
수 있는 요령에 대해서 다룹니다. 당신의 삶을 생지옥으로 만드는
관계를 맺지 않는 법과 삶을 확실하게 더 윤택하고 즐겁게 만드는
관계를 맺는 법에 대해서 이야기합니다. 그러기 위해서 우리가 '관
계'하면 생각하는 통념들을 깨고자 합니다.

세 번째 파트에서는 관계 속에서 당신이 원하는 대로 사람들을
이끄는 방법을 다룹니다. 좋은 리더가 되는 법, 당신이 가지고 있는
아이디어를 효과적으로 전달하는 방법을 설명합니다. 이를 통해 당
신은 더 좋은 관계를 맺을 수 있도록 상대를 긍정적이고 윤리적으
로 설득하는 능력을 얻게 될 것입니다.

부디 이 책에서 얻은 영감이 당신의 삶에 긍정적인 영향력으로
작용하길 바라며 여는 글을 마칩니다.

심리기술코치
코치 알버트

이 책을 읽을 때 주의할 점

1 극단적으로 생각하지 않기

책을 읽고 일부만 받아들여 자신이 가지고 있는 극단성을 키우는 일이 없어야 한다.

2 비교대상 잘 정하기

책을 읽기 전의 당신, 어제의 나와 비교해서 나은 사람이 되는 것을 목표로 하는 것이 좋다. '왜 나는 다른 사람들에 비해 관계의 기술이 부족하지?' 라면서 자책하는 일이 없었으면 한다.

02 CHAPTER 쿨하게 관계 맺는 착한 갑이 되는 기술

03
CHAPTER

어디서나 인정받는
착한 갑이 되는 기술

나에게도 통하는
착한 갑이 되는 기술

01

CHAPTER

자신을
사랑하지 못하는
진짜 이유

A씨는 한밤중에 자려고 침대에 누웠다. 그런데 어둠 속에서 무언가 움직이는 소리가 들렸다. 그 순간 잠이 확 달아나 불을 켜고 소리가 난 곳을 둘러보았다.

당신이 A씨라면 어떻게 했을까? 소리가 날만한 여러 가지 가능성이 있고, 그 중에서 나에게 위협이 되는 상황이 벌어질 확률은 몇 백분의 일이니 안심해도 괜찮다고 생각했을까?

인간이 모든 것을 평등하게 보아왔다면 어떤 세상이 만들어졌을까? 예를 들어 사람들이 갓 튀긴 겉은 바삭하고 속은 촉촉하며 따끈한 치킨과 길가의 자갈을 똑같이 바라보게 되었다면 어떻게 될까? 아마 인간이 없는 세상이 만들어졌을 것이다. 인간은 오랜 시간에 걸쳐 세상을 상당히 치우친 방식으로 보도록 진화해왔다. 그렇지 못한 사람들은 자손을 남기지 못하거나 일찍이 죽었고 그 결과 우리는 굉장히 편향적인 방식으로 세상과 사물을 바라보게 되었다.

우리는 어둠 속에서 갑자기 정체 모를 소리가 들리면 두려워하거나 싸우거나 도망치며 상황에 반응한다. 사실 소리의 정체가 아무것도 아닐 수 있지만 본능적으로 그렇게 행동한다. 세상을 치우친 시선으로 바라보는 것은 유용한 방식 중 하나이다.

우리가 과거부터 발달시켜온 치우친 인식의 방식 중 하나는 목표ー도구ー장애물로 세상을 바라보는 것이다. 우리가 달성하고자 하는 목표가 있고, 세상의 모든 것을 목표 달성에 도움이 되는 도구와 그것을 방해하는 장애물로 인식하는 것이다. 이 방식으로 세상을 바라보면 나에게 도움이 되는 도구에게 긍정적인 감정을 느끼고, 장애물에 대해서는 부정적인 감정을 느끼게 된다.

재미난 것은 우리가 스스로를 바라 볼 때도 이 인식의 틀을 가지고 바라본다는 것이다. 도움이 되는 도구와 장애물만으로 판단하고 인식의 틀에선 자기 자신도 도구나 장애물 중 하나로 생각한다. 한 번은 이런 경우가 있었다. 어떤 여성이 울면서 나에게 이렇게 말했다.

"선생님, 저는 제가 너무 싫어요."
"왜죠?"
"제가 너무 뚱뚱해서요."
"당신이 뚱뚱한데 왜 당신이 싫죠?"
"세상에 누가 뚱뚱한 여자를 좋아해요."

뚱뚱한 여자를 좋아하는 사람이 있을 수 있다는 사실은 잠시 접어두고, 저 대화에서 어떠한 것을 알 수 있는지 생각해보자. 우선 여성은 자신을 싫어하고, 자신을 싫어하는 이유는 자신이 뚱뚱하기 때문이다. 그리고 뚱뚱한 자신을 싫어하는 이유는 아무도 뚱뚱한 여자를 좋아해주지 않기 때문이다.

그 말은 세상 모든 사람이 뚱뚱한 사람을 좋아한다면 그녀는 자신을 싫어하지 않을 것이라는 이야기가 된다. 그녀가 뚱뚱한 자신을 싫어하는 이유는 '뚱뚱한 자신'이 세상 사람들의 사랑을 받는데 방해되는 장애물이기 때문이다.

우리 모두가 어느 정도는 스스로를 도구와 장애물 중 하나로 자기 자신을 바라본다. 자신을 좋아하는 사람은 자신의 목표를 위해서 자기 자신이 유용한 도구라는 인식을 가지고 있는 사람일 가능성이 높다. 다만 이러한 관점의 문제는 인간을 오직 도구와 장애물로만 바라본다는 것이다. 그래서 인간은 도구 이상의 존재라는 것을 놓치게 된다.

인간은 존재 자체로 소중하다. 이를 간과하는 것은 자존감이 낮고, 계속해서 자기를 혐오하는 사람들의 특징이다. 그러한 특징을 가진 사람은 인생이 정말로 삭막하고 허무하다고 느낄 가능성이 높다. 자신의 목표를 이루기 위해 도움이 되는 시간을 제외하곤 전부 시간 낭비라고 생각하며, 모든 인간을 도움이 되는 인간과 도움이 안 되는 인간으로 나눈다. 그리고 가족과 친구는 물론 자기 자신도 두 가지 인간의 분류 안에 포함시킨다.

자존감이 낮은 사람이 자존감을 회복하는 방법 중 하나는 '인간은 존재 자체로 소중하다.'는 감수성을 회복하는 것이다. 인간을 하나의 도구로 보는 것이 나쁘다고 하는 것이 아니다. 그것은 매우 유용하다. 하지만 존재에 대한 감수성을 가지지 못한 상태에서 인간을 도구로만 바라보면 아주 얄팍하고 불행한 인간이 된다.

어떻게 하면 인간의 존재에 대한 감수성을 기를 수 있을까? 어떻게 하면 나라고 하는 존재를 도구가 아니라 소중한 인간 그 자체로 바라볼 수 있을까?

감수성이 필요한 사람들을 위해 '그렇구나 명상'을 추천한다. 그렇구나 명상은 인간을 도구로 바라볼 때 반드시 사용되는 가치판단과 그에 따른 부정적, 긍정적 감정을 잠시 멈추고 일어나는 현상을 있는 그대로 받아들여 그것을 수용하는 법을 연습할 수 있는 방법이다.

그렇구나 명상은 이렇게 하면 된다.

1 방해받지 않는 편한 장소를 준비한다.

2 자신의 몸에서 느껴지는 감각에 집중해본다. 중요한 것은 어떤 감각이 느껴지더라도 내버려두는 것이다. '그렇구나. 내 몸이 이런 감각을 느끼는구나.' 하고 그 감

각을 느낀다.

3 숨을 들이쉬고 내쉬면서 자신이 느끼는 감정을 그대로 느껴보고, 느낀 감정을 스스로에게 말해본다.

어쩌면 '내가 지금 돈도 벌어야 하고 바쁜데 이게 뭐 하는 짓이지.' 같은 생각이 들 수도 있다. 그러면 거기에 대해서 "내가 지금 이게 뭐하는 짓인가 하고 생각하는구나." 스스로에게 말하면서 그 생각을 내버려둔다. 어떤 감각이나 생각을 없애야 할 필요가 없다. 처음에는 5분 정도 이러한 연습을 해본다. 하다가 어떤 생각이나 감정이 떠올라도 거기에 대해서 '그냥 그렇구나.' 하는 것이다.

주의할 점은 나에 대해 좋은 생각이 떠오르면 '그렇구나.'를 해주고, 안 좋은 생각이 떠오르면 '이러면 안 되지.' 하면서 다른 생각을 하려는 게 아니라 어떤 생각을 하더라도 전부 '그렇구나. 그럴만한 이유가 있구나.' 하고 따듯한 마음으로 바라봐주는 것이다. 이러한 연습은 자신의 존재에 대한 감수성을 길러주는 아주 좋은 연습이다. 그리고 자기 자신을 있는 그대로 사랑하는 연습이기도 하다.

만약 어떤 사람이 돈을 버는데 도움이 되는 모습만 사랑하고, 아닌 모습은 사랑하지 않는다면 그건 '나'를 사랑한다기보다는 돈을 벌 수 있는 도구적 측면의 '나'를 사랑하는 것이다. 나를 있는 대로 받아들이는 연습을 해보기 바란다.

그렇게 도구로 바라보는 것과 존재로 바라보는 것을 모두 할 수 있다면 동시에 자신을 좀 더 쉽게 사랑할 수 있고 덜 싫어하게 된다. 왜냐하면 지금까지 자신을 도구로 100퍼센트 바라보다가 조금이라도 존재로 볼 수 있게 되기 때문이다.

조건 없는 자기사랑을 위해서 내 안에서 어떤 일이 일어나든지 '그렇구나. 그런 느낌을 느끼고 있구나. 그런 생각을 하고 있구나.' 하면서 받아들여주는 '그렇구나 명상'을 오늘부터 하루 5분이라도 실천해보자. 3분밖에 못하겠더라도 '그렇구나. 아직은 3분만 하는 게 편하구나.' 하고 '그렇구나.'를 해주기 바란다.

나랑
싸워 이기면
지는 것은 나

어느 날 클라이언트가 찾아와 자신의 성격을 고치고 싶다고 했다. 자신의 성격이 너무 이기적인 것 같다고 했다.

"선생님, 저는 제가 너무 싫어요."

"당신의 모든 것이 싫어요? 아니면 어떤 면이 싫은가요?"

"저는 다른 사람들의 기분을 신경 쓰지 않고 행동해요. 너무 이기적인가 봐요. 왜 그러는지 모르겠어요. 안 그러려고 하는데 잘 안되서 실망스러워요."

"어떤 식으로 안 그러려고 노력하셨나요?"

"사람들이 무슨 생각을 하는지 계속 신경 쓰고 자꾸 거기에 맞추려고 해요. 그런데 저는 그게 쉽게 안 돼요. 제 친구들은 눈치도 빠르고 잘하는데요. 제가 이기적인 성격이 된 어떤 이유나 트라우마 같은 게 있나 봐요."

"아니에요. 트라우마가 아니라 그렇게 태어난 거예요. 다른 사람의 감정이나 느낌에 크게 신경 안 쓰는 사람으로 말이죠. 그리고 노력해도 안 바뀔 거예요. 행복하게 살기 위해서는 다른 것을 바꿔야 해요."

그의 직업은 엔지니어였다. 그래서 사람의 감정보다는 복잡한 계산을 다루는 것을 훨씬 더 잘했다. 그는 성격이 문제가 아니라 그가 잘하는 것이 감정을 살피는 일과는 달랐던 것뿐이었다.

자존감을 영어로 표현하면 'Self-Worth'이다. 우리말로 옮기면 '자기 가치에 대한 느낌, 생각' 정도가 될 것이다. 그리고 자존감의 높고 낮음은 우리의 삶에 매우 큰 영향을 미치게 된다. 그래서 우리는 어떻게든 자신에 대한 긍정적 평가를 유지하려고 한다.

스스로가 자신에게 내리는 가치평가가 낮다면 타인의 평가에 의존하고, 과하게 의미부여하며 정말로 소중한 것에서 멀어지기 십상이다. 반대로 자신이 자신에게 내리는 평가가 높다면 정말 중요한 것에 집중할 수 있고 타인에게 쉽게 휘둘리지 않는다. 그럼 어떻게 하면 스스로 가치 있다는 느낌을 얻고, 그 혜택을 얻을 수 있을까?

자존감을 만드는 공식은 다음과 같다.

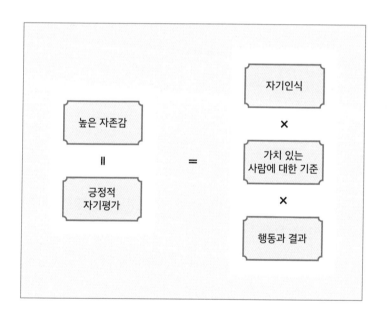

자기인식이란 내가 어떤 사람인지 아는 것이고, 긍정적 기대는 자신이 생각하기에 좋은 사람에 대한 기준을 가지는 것이다.

자신이 어떤 사람인지 잘 아는 것은 쉽지 않은 일인데 '나'라는 존재는 상당히 복잡한 존재이기 때문이다. 그래서 자기를 안다는 것을 '우리가 노력으로 바꾸기 힘든, 기질적인 면들에 대해서 이해한다.'라는 의미로 이야기하려고 한다.

자신의 기질적인 면에 대한 이해가 없는 상태에서 '바람직한 인간에 대한 신념'을 가지게 되면 자신의 기질적인 면과 자신이 바라고 학습한 면이 서로 충돌하여 갈등을 빚게 된다. 예를 들어 '윗사람 말을 잘 들어야 좋은 인간이다.' 혹은 '규칙을 잘 지켜야 좋은 사람이다.'라는 신념을 가진다고 할 때 그 신념과 잘 어우러질 수 있는 기질을 가진 사람과 그렇지 않은 사람이 있을 것이다.

나는 규칙을 거의 대부분 따르지 않고 권위에 순종적이지 못했다. 다시 말하면 '게으르고 말 잘 안 듣는 놈'이었다. 나 자신도 그러한 내가 싫었다. 왜 나는 다른 사람들처럼 성실하지 못할까, 왜 나는 꾸준하게 시키는 것도 못하는 무능력자일까 하고 말이다. 좋은 사람이 되기 위해선 '이래야 한다.'는 신념이 나를 부정하고, 자존감을 낮추는 무거운 짐이 되어서 나를 짓눌렀다.

반대로 자신의 기질적인 면을 받아들이다 못해서 핑계거리로 삼는 사람들도 있다. '저는 물만 마셔도 살찌는 사람이에요.'와 같은 소리를 하는 사람을 우리는 종종 본다. 물만 마셔도 살이 찌진 않겠지만 여러 이유로 지방이 쉽게 붙는 체질의 사람이 있다. 그리고 이러한 사람 중 일부는 그것을 받아들이는 것에 그치지 않고 긍정적 신념과 태도를 가지지 말아야 할 이유로 삼는다. 자기 기질의 일면에 대한 이해가 긍정적 태도와 신념을 가지지 않을 핑계로 사용하는 사람들이다.

앞서 이야기한 자기인식 없이 나에 대한 긍정적 기대와 당위성만 있는 사람이나 자기인식은 있지만 그를 바탕으로 긍정적 신념이 없는 사람 모두 자기가치에 대한 평가를 하면 좋은 점수를 주지 않는다.

인간의 성격에 대해서 이야기하는 여러 가지 관점이 있다. 합리적이고 과학적으로 인간의 성격을 바라보는 관점 중의 하나는 기질—성격론이다. 이 관점은 인간의 성격은 타고난 기질과 학습된 성격이 합쳐져서 만들어진다고 본다.

이러한 관점에서 성격이란 학습에 의해서 만들어지는 신념에 해당하는 것이고, 기질은 가지고 태어나 생애초기에 만들어지는 정서반응의 자동적인 패턴이다. 그리고 성격에 비해서 기질은 좀처럼 바뀌지 않는다. 사람이 가진 기질에는 네 가지 큼지막한 덩어리가 있다.

다음의 네 기질은 타고나거나 생애초기에 정해지는 구성요소이다.

1 새로운 자극을 추구하는 기질 ⇨ 자극추구

새로운 시도, 사람, 체험에 열려있고 적극적으로 추구한다.

2 위험한 상황이나 가능성을 회피하는 기질 ⇨ 위험회피

걱정과 불안이 많고 위험부담에 민감하게 반응한다.

3 사회적 보상과 친밀감에 민감한 기질 ⇨ 사회적 민감성

타인의 인정, 칭찬, 비판에 강하게 반응하며 관계를 중요시한다.

4 적은 보상으로 행동을 유지 가능한 기질 ⇨ 일관성

일관적으로 장기간 한 가지 일을 꾸준히 해나간다.

불안장애를 앓고 있는 환자는 당연히 '위험한 상황이나 가능성을 회피하는 기질'에서 높은 점수를 보인다. 재미난 점은 심리 상담, 정신의학적 치료로 이 사람의 불안장애를 치료한 후 다시 한 번 성격과 기질에 대한 검사를 해보면 학습된 성격에는 상당히 많은 변화가 있지만, 타고난 '위험한 상황이나 가능성을 회피하는 기질' 자체는 크게 변하지 않는다는 것이다. 다만 자신이 타고난 위험을 마주할 경우 일어나는 자동적 정서반응을 좀 더 잘 다루게 되었다. 이러한 기질의 차이는 그 사람의 성격이 만들어지는 기반이 된다.

내 경우에 기질적으로 '새로운 자극을 추구하는 기질'이 높다. 그리고 '사회적 보상과 친밀감에 민감한 기질'이 낮다. 독립적이며 새로운 것을 찾고 지루한 것을 잘 못 참는다. 다른 사람과 친밀하게 잘 지내지 않아도 크게 상관이 없다. 이런 내가 윗사람 말을 잘 듣고 꾸준히 한 가지 일만 반복하는 사람을 좋은 사람이라고 생각하고 있었으니 내 자신이 마음에 들 일이 없었던 것이다.

내가 되고 싶은 좋은 사람의 모델은 자신의 기질을 이해하고 받아들인 후 그 기준을 따라 만들어야 한다. 그 전에 세운 기준은 좋아 보이는 것을 따라하려는 것에 불과하다. 자존감은 내가 나 자신을 얼마나 좋은 사람인지 내리는 평가에 크게 의존한다. 그리고 그러한 자아상, 자기평가는 당연히 평가기준에 크게 영향을 받는다.

자기인식 없이 '이런 사람이 좋은 사람'이라는 평가기준을 가지는 것은 자존감에 상당한 위협이 된다. 자신이 세운 평가기준에 스스로를 끼워 맞춰서 살 수는 있겠지만 곧 감정과 몸은 반란을 일으키게 된다. 내가 어떤 사람이 되어야 좋은 사람인지는 자신의 기질을 이해하고 받아들인 후 그 기준을 만들어야 한다.

만약 부모가 나에게 기대하는 모습이나 사회가 만들어낸 평균적으로 긍정적인 인간의 모습을 그대로 받아들이는 경우는 나의 기질과 긍정적인 인간의 모습이 서로 어긋나 계속해서 고통받게 된다.

내가 되고 싶은 '좋은 사람에 대한 기대'를 나 자신의 기질에 맞추어 세워야 한다. 그러면 우리는 발전할 수 있고 더 나은 사람이 될 수 있다. 나를 인정하고 거기서 한 발 더 나아가기 위한 기준을 따르면 저절로 자존감은 높아진다.

그러면 어떻게 해야 적절한 자기기대를 가질 수 있을까? 다음과 같은 순서를 따르면 된다.

> **1** 자기 기질에 대해 스스로 질문하기
> **2** 자신이 생각하는 '좋은 사람의 기준' 질문하기
> **3** 새로운 자기계발 목표 세우기

다음의 테스트에서 자신의 과거의 행적을 기준으로 답을 내어보고 네 가지 기질의 점수가 어떤지 평가해보기 바란다. 간단한 테스트로 사람의 기질을 정확하게 판단할 수 없지만 자신에 대해서 조금이라도 알 수 있는 기준이 될 것이다.

나는 평균적인 사람들에 비해서 새로운 자극이나 재미를 추구하고 도전해왔는가?	
나는 평균적인 사람들에 비해서 위험 또는 피해의 가능성을 피해왔는가?	
나는 평균적인 사람들에 비해서 사람들과 좋은 관계를 맺으려고 해왔는가?	
나는 평균적인 사람들에 비해서 적은 보상이나 보장이 없더라도 꾸준히 무언가를 해온 편인가?	

자신의 과거 행적을 기준으로 답을 내어보고 네 가지 기질의 점수가 어떤지 평가해보기 바란다. 테스트에서 ❸, ❸, ❸, ❸이 나왔다면 모든 기질이 평균적인 정도를 가지고 있다는 뜻이다. 간단한 테스트로 자신의 기질을 정확하게 판단할 수 없지만 자신에 대해서 조금이라도 알 수 있는 기준이 될 것이다.

만약 자극추구가 ❺에 가깝고 위험회피가 ❶에 가까운 사람은 새로운 자극에 민감하고 모험적이며 불안을 덜 느끼는 사람일 것이다. 반대로 자극추구 ❶, 위험회피가 ❺인 사람은 새로운 자극을 쫓기보다는 위험과 실패의 가능성에 민감하게 반응하는 기질을 타고난 것이다. 또 사회적 민감성이 낮다면 사람들의 인정이나 칭찬보다는 일의 성취에 더 관심을 가지게 된다. 반대로 사회적 민감성이 높다면 일의 성취와 권력의 쟁취보다는 사람들과 원활하고 친밀한 관계를 맺는 것을 좋아할 것이다.

일관성이 높은 경우 즉각적인 보상이 없더라도 장기적인 미션을 행하기 쉬워진다. 반대로 일관성이 낮은 경우 계속적인 보상이 없다면 보상을 주는 것에 행동과 관심의 초점을 옮길 가능성이 높다. 특히 장기적으로 일관적인 성실함은 타고난 기질이 상당히 영향을 미친다.

이러한 설명을 기초로 당신의 점수를 보면 당신이 어떤 기질을 가지고 태어났는지 생각해볼 수 있을 것이다.

나의 경우에는 ❺, ❷, ❷, ❹ 정도가 나온다. 자신의 성격과 기질에 대해서 더 자세히 알기 위해선 전문가에게 성격검사를 받아보는 것도 도움이 된다.

기질에 대해 알아보고 나서 내가 가지고 있는 '나는 이런 사람이어야 한다.', '이런 사람이어야 좋은 사람이다.'라고 하는 기준이 무엇인지 생각하고 적어보기 바란다. 예를 들어서 '하나의 일을 시작하면 끝을 보고 주변 사람들과 전부 화목하게 지내며 성실한 사람'이 내가 생각하는 좋은 사람이라고 하면 내 기질과 딱 맞아 떨어지지 않는다.

특히 '주변 사람들과 전부 화목하게 지내는 것'은 나의 비교적 낮은 사회적 친화성에는 너무 힘든 일이다. 또 '하나의 일을 붙들고 끝을 보는 것'은 나의 높은 자극추구 기질 상 너무 불리하다. 그래서 이것을 현실적으로 조정할 필요가 있다.

예를 들면 '여러 일을 벌려 놓아도 결국에는 도움이 되는 쪽으로 갈무리 할 수 있는 사람'은 내 기질에 적합하면서 충분히 좋은 사람이다. '주변 사람들 전부와 화목하게 지내는 것'은 힘들지만 '소중한 친구가 있고 모든 사람에게 잘 해주진 않지만 주변에 피해 주지 않는 사람'은 나에게 적합한 좋은 사람의 기준이 될 수 있다. 이렇게 내가 나에게 기대하는 '좋은 사람으로서의 나의 기준'을 기질에 맞추어 적절하게 바꾸는 것이 필요하다.

나의 기질에 대해서 한 번 생각해보고 내가 가진 '좋은 나에 대한 기대'를 확인하며 그것을 좀 더 나에게 잘 맞는 목표와 기대로 바꾼다. 이렇게 세 단계를 거치면 자존감과 함께 행복과 일의 성과도 같이 올라가게 될 것이다. '자신과의 싸움'이 아니라 '자신과 함께 싸울 수' 있으니 말이다.

나의
가능성을
지도로 그려라

자기계발과 변화를 주제로 글을 쓰고 영상을 만들며 강의와 코칭을 하다 보니 종종 학생들이 질문을 던진다.

"알버트님. 20대에 또는 대학생 때 꼭 해야 할 일이 무엇이 있을까요?"

"그 질문에 대답하기 위해선 당신이 바라는 것이 무엇인지 알아야 합니다. 되는대로 산다면 굳이 꼭 해야 할 일은 없을 것이고, 35세 이전에 자기 병원을 가진 의사가 되고 싶다면 지금

다니는 대학 때려 치고 의대에 가야 할 테니까요."

"음, 그렇게 구체적인 목표는 없는데… 알버트님이 생각하시기에 잘 살기 위해서 20대에 하면 좋은 게 뭐라고 생각하시는지 궁금해서요."

"일반적인 의미라면 저는 '자기 자신을 잘 아는 것'이 도움이 된다고 봅니다. 세상 사람들이 말하는 것처럼 우리는 무한한 가능성의 존재가 아니고 잘 할 수 있는 것과 아닌 것이 있고, 의미를 느낄 수 있는 것과 아닌 것이 있는데 그것을 빨리 알면 알수록 그 후의 삶이 편해집니다."

스스로를 잘 알기 위한 방법 중 하나는 자신이 사는 세상을 잘 아는 것이다. 우리는 세상에 속해서 언제나 세상과 상호작용하고 있다. 세상을 이해하는 것은 곧 자신을 이해하는 것으로 이어진다는 것이 나의 믿음이다.

그래서 대학생 때 해야 하는 것에 대해서 물으면 '자기 자신을 알아가는 것'에 더해서 '최대한 여러 가지를 해보는 것'이 도움이 될 것이라고 말을 해왔다. 그러면서 좀 더 구체적이고 효과적으로 자기인식을 높일 수 있는 조언은 무엇이 있는지를 계속 고민했다.

지금은 '최대한 많은 것을 해보라.' 보다 좀 더 구체적인 답을 줄 수 있는데 그 답은 다음과 같다.

---

1 자신이 가진 기질적 특성, 장단점과 취향, 감수성에 대해서 알아보기

2 최저임금을 받고 일하면서 그 돈으로 생활하기

3 당신이 동경하는 라이프 스타일을 이뤄낸 사람을 찾아서 그 사람이 어떻게 사는지와 그것을 위해서 어떤 대가를 치루었는지 알아보기

자신이 가진 장단점, 감수성을 알아보는 것은 중요하다. 이것을 알아야 앞으로 어떠한 환경에서 살아가는 것이 좋을 것인가 결정을 내리는 데 매우 도움이 된다.

그리고 최저임금을 받고 일하는 것과 동경하는 라이프 스타일을 이뤄낸 사람을 찾아서 알아보는 것으로 세상에 대한 인식을 가질 수 있다. 자기계발, 공헌, 노력, 희생과 그에 따르는 결과(라이프 스타일)에 대한 대략적인 지도를 만들기 위함이다.

최저임금 라이프 스타일은 매우 낮은 수준의 요구사항을 가진다. 이러한 라이프 스타일의 문턱은 매우 낮다. 별다른 자기계발 없이도 얻을 수 있는 경우가 많다. 그리고 그 결과 얻어진 라이프 스타일은 하루 8시간 특별한 기술을 요구하지 않는 노동을 하며 월 174만원(2019년기준)으로 꾸려지는 삶이다. 그리고 주위 사람들도 당연히 비슷한 라이프 스타일을 공유할 것이다.

반대로 당신이 동경하는 사람의 라이프 스타일은 아마 문턱이 높을 것이다. 자수성가한 청년 사업가를 동경하고 그 라이프 스타일을 원한다면 요구되는 사항은 고강도의 장시간 노동, 높은 리스크, 주변인과의 불화, 끊임없는 문제해결과 학습 등이 있을 것이다. 또 고명한 스님의 청빈하지만 내적인 충만함을 얻는 수행자의 라이프 스타일을 동경한다면 새벽같이 일어나 하루도 빠짐없이 계율을 지키며 수행을 해야 할 것이다.

물론 그 결과를 통해 얻은 라이프 스타일은 상당히 높은 만족도를 당신에게 줄 가능성이 높다. 그곳에는 당신이 동경하는 돈, 명예, 권력, 자유, 깨달음 등 당신이 원하는 것이 있을 테니 말이다.

이렇게 두 가지 극단적인 경우에 대해서 경험하고 나면 스스로에게 맞는 '지도'가 생길 것이다. 여기에는 제일 값싸고 손쉽게 얻을 수 있는 것부터 당신이 가능한 최대한의 대가를 지불할 때 얻을 수 있는 것까지 전부 적혀있다.

치루는 대가에 따라오는 라이프 스타일과 자기 자신의 기질, 감수성, 취향에 대한 이해가 있으면 '좋은 선택'을 내리기가 훨씬 수월해진다. 우선 어떤 희생을 치루거나 그러지 않겠다는 결정을 할 수 있게 된다. 그 결정을 하면 최저임금 라이프 스타일과 상위 1퍼센트 라이프 스타일의 사이에서 어느 지점을 겨냥해 삶의 목표를 잡을 것인지 정하기 쉬워진다.

물론 어떤 라이프 스타일을 선택할 것인지에 대한 결정은 살아가면서 수도 없이 바뀌게 될 것이다. 만들어 둔 라이프 스타일 지도는 그때마다 결정에 도움이 된다.

'무조건 리더가 되어야 한다. 꿈을 크게 가져야 한다. 세상을 바꿔야 한다. 당신의 잠재력을 최대한 발휘해야 한다. 사회에서 인정받는 훌륭한 사람이 되어야 한다.' 같은 소리를 하고 싶지는 않다. 그러한 라이프 스타일에 수반되는 희생과 그를 위해 치뤄야 할 대가가 있다는 것을 잘 알기 때문이다.

원한다면 최소한의 노력을 하며 살아가는 것도 하나의 방법이라고 생각한다. 하지만 그러한 라이프 스타일을 당신의 삶의 방식으로 선택하기 전에 먼저 약간의 체험을 통해 이해하기 바란다.

최소한 또는 최대한의 노력에 따르는 결과는 무엇인지 이해하고 선택해야 한다. 그리고 그 선택에 따라 완전히 다른 라이프 스타일을 누릴 수 있다는 것을 잊지 말아야 한다. 그래서 당신이 자기 자신에 대한 이해와 선택을 하루라도 빨리 하길 바란다.

최저임금 라이프 스타일이 잘 맞고 행복한 사람이 있을 수 있다. 하지만 한 번도 그것이 실제로 어떤 것인지 체험할 기회가 없어 막연한 공포를 느끼고 도망치느라 몸에 맞지 않는 사회적 성공을 추구하며 불행해질 수 있다. 라이프 스타일 지도를 미리 만들어 보면 피할 수 있는 불행이다.

반대로 공헌과 희생, 노력, 자기계발은 분명하게 다른 수준의 라이프 스타일을 가져온다는 사실을 너무 늦게 깨닫는 사람들도 있다. 최소한의 노력과 공헌을 선택해 그에 따르는 라이프 스타일을 불행하게 살아가다 어느 순간 깨닫는 것이다.

'내가 다른 선택을 했었다면 이렇게 살지는 않았을 텐데. 젊음과 시간을 낭비한 과거의 날 때리고 싶다.'라고 말이다.

앞의 두 가지 불행 중 어떤 것도 당신이 겪지 않았으면 좋겠다. 그래서 나는 '자신의 취향에 대한 이해, 최소한의 노력으로 얻을 수 있는 라이프 스타일에 대한 이해, 최대한의 자기계발 라이프 스타일에 대한 이해'라는 세가지 보물을 모두 얻길 바란다.

자신에 대한 이해를 바탕으로 자신의 커리어와 인생의 항로를 결정할 때 우리는 자존감을 가지고 앞으로 나아갈 수 있다. 다른 사람들이 길을 잃고 주변에 휘둘리며 갈팡질팡할 때 당신은 이렇게 말할 수 있는 것이다.

'나는 내가 좋아하고 원하는 것을 알아. 그리고 지금 내가 택한 길은 행복하기 위해서 택한 최고의 길이야.'

자신을 이해하고 그 기준에 따라 최고의 길을 선택한 당신은 다른 사람에게 내가 올바른 길을 가고 있는지, 내가 잘 하고 있는 것인지 물을 필요 없다. 그저 자신을 등대라고 생각하며 중심을 잡고 나아가면 된다.

그러면 다른 사람들에게 '나의 괜찮음'을 설득할 필요도 없다. 또 나보다 특정 측면에서 잘 나가는 사람에게 주눅들 필요도 없

다. 타인이 행복한 일과 내가 행복한 일이 다를 수 있다는 것을
인정할 수 있게 된다. 나와 상대를 존중할 수 있는 사람이 되는
것이다.

왜 그리 게으르니
vs 그 행동은 좋지 않은 행동이야

어린 시절 잘못을 해서 혼난 적이 있는가? 분명 있을 것이다. 누구나 한번쯤 아니 백번 이상 경험했을 것이다. 이번에는 이런 상황에서 발생하는 세뇌에 대해서 이야기를 해볼까 한다. 혹시 자녀가 있거나 특정 집단에서 선배와 지도자의 역할을 가진 사람이라면 이제부터 하는 이야기를 주의 깊게 읽어야만 한다. 자기도 모르는 새에 자존감을 깎아먹는 바이러스를 퍼트리고 있을지도 모르기 때문이다.

자존감은 스스로에 대해 어떤 평가를 내리느냐와 관계가 있다. 이 평가는 타인이 나에 대해 어떤 평가를 하는지 또 내가 나의 행동의 결과에 어떤 평가를 내리는지와도 깊은 연관이 있다. 특히 어린 시절의 영향을 많이 받는다.

불안을 느끼는 것에는 이러한 평가가 아주 밀접하게 연관되어 있다. 기본적으로 스스로에 대해 낮은 평가를 내리는 사람들은 불안을 느낄 가능성이 높다고 보면 된다.

어떤 아이가 실수를 했다. 숙제를 해야 하는데 미루다가 못 했거나 지각을 하는 사소한 실수를 했다. 만약에 그 아이를 혼내서 다음부터 그러지 못하게 하려고 한다면 무슨 말을 할 것인지 떠올려보자.

"왜 그리 게으르니?"와 "그 행동은 좋지 않은 행동이야." 중 어떤 말을 할지 생각해보자. 만약 전자에 가깝다면 당신은 자존감을 낮게 만드는 사회적 세뇌의 한 축을 담당하고 있는 사람이라고 할 수 있겠다.

행동이 당신 그 자체를 나타내는 것은 아니다. 행동은 여러 가지 사회적, 환경적, 자연적, 감정적, 물리적, 기타 요인에 의해서 영향을 받기 때문이다. 그래서 당신은 행동의 결과가 아니다. 하지만 많은 사람들이 그것을 같다고 생각한다.

시험에서 좋은 점수를 받지 못했다. 그것은 당신이 본 시험의 점수가 낮은 것이지, 당신이란 인간이 낙오자란 의미가 아니다. 하지만 대부분의 사람들은 자신의 시험 점수가 낮거나 떨어지면 그것이 자신이란 사람을 대변하는 것이라고 생각한다.

그래서 자녀, 후배, 학생을 교육시키는데 이러한 교육은 아주 악질적인 세뇌이다. 우리나라뿐 아니라 많은 나라에서 학교에 아이들을 묶어두고 일괄적으로 교육시키며 일괄적인 평가기준을 들이댄다. 당연하게도 어떤 아이에게는 유리하고 어떤 아이에게는 불리한 방식의 교육방식이자 평가방법이다. 다만 실행하는데 있어서 편할 뿐이다. 시험을 보면 좋지 않은 성적을 내는 아이는 반드시 있기 마련이다.

여기서 교사나 부모 또는 무언가 영향을 받아 아이 스스로 그 시험의 결과물과 자신을 동일시 할 경우에 문제가 발생한다. 모자란 인간이 한 명 탄생하게 되는 것이다. 시험을 보고 시험 점수가 평균보다 좋지 않았다. 그 의미는 무엇인가? 특정한 시간과 장소에서, 특정한 상황에서 시험지에 써낸 답이 시험에서 요구하는 기준과 맞지 않는다는 것뿐이다. 하지만 많은 사람들이 '나는 평균보다 못한 인간'이라고 받아들이는 경향이 있다. 나의 행동과 행동의 결과는 내가 아니라는 것을 명심해야 한다. 어떤 상황에서 잘못했다고 하면 특정한 상황과 조건 하에서 못한 일이 있었던 것이지, 무능한 인간이 되는 것은 아니다.

내 행동의 결과가 나라는 본질적인 사람을 대변하기에는 너무나도 작은 기준이라는 것을 이해하고, 긍정적인 자기평가나 자존감을 망가트리지 못하게 하는 것이 아주 중요하다. 상황을 합리적이고 있는 그대로 봐야 한다. 약간의 부정적인 상황을 과도하게 일반화해서 나라는 사람의 가치에 적용하면 자존감이 떨어질 수밖에 없다. 그 결과 타인의 평가와 허용에 민감해지며 아주 피곤하고 불우한 삶을 살게 될 가능성이 높다.

어떤 행동과 그에 따른 부정적 결과를, 본질적인 자신과 동일하게 생각하는 것이 바로 자존감을 갉아먹는 바이러스다.

연인과 헤어질 때 상대방이 당신에게 "너 솔직히 재미없어."

라는 말을 했다고 하자. 이 사건을 가지고 스스로를 재미없는 사람이라고 평가할 필요가 없다. 아주 특수한 상황에서 일어난 일이 당신을 모두 평가할 수 없기 때문이다.

만약 가르치는 학생이나 후배나 자녀가 만족스럽지 못한 부정적인 결과를 냈다고 했을 때 그것에 대해서 어떻게 평가할 것인지가 그 사람의 미래에 굉장히 중요한 역할을 한다.

자녀가 시험을 잘 못 봤다고 했을 때 "너는 네 아빠 닮아서 공부 못하나 보다. 난 잘했는데." 같은 소리를 하는 것은 '너는 공부를 못한다.'는 메시지를 자녀에게 전달하는 것이다. 이러한 평가를 토대로 공부를 열심히 하거나 잘 할 수가 없다. 공부 못하는 사람은 공부에 재미를 느끼지도 못하고 열심히 하지도 않기 때문이다.

반면에 "이 시험과목의 어떠한 점이 네가 공부를 열심히 하는 걸 방해했을까?"라는 질문을 던지는 것은 나쁜 시험점수라는 부정적 결과와 아이를 동일시하지 않고 합리적이면서 아이의 자존감을 보호할 수 있다.

네 잘못은
아닌데
네 책임이야

어떤 청년이 낮은 자존감을 주제로 고민을 상담해왔다.

"선생님, 저는 금수저도 아니고 크게 대단할 거 없는 집에서 태어났어요. 그리고 평범하게 공부하다가 경기도권에서 크게 좋지 않은 대학에 다닙니다. 제 친구 중 한 명은 키도 크고 잘생겼는데 저는 객관적으로 외모가 별로입니다. 학벌도 별로고 외모도 별로고 집의 배경도 별로인 저 같은 사람이 어떻게 높은 자존감을 가질 수 있을까요?"

"학벌은 자기 노력이지만 집안이랑 외모는 당신이 얻은 것이 아니라 당신에게 주어진 것입니다. 무엇이 주어졌느냐를 기준으로 자신을 보면서 얻는 자존감은 얄팍한 자존감입니다. 주어진 것을 토대로 내가 무엇을 이루었느냐에 집중하세요. 그리고 그것을 이루어 내는 데 있어서 자신이 무엇을 했는가에 집중해보세요."

자신에게 주어진 상황이 아닌, 그 상황에서 자신의 행동에 책임을 지는 것이 자기책임이다. 자기책임은 자존감을 구성하는 커다란 기준이자 조금 더 나은 사람이 되기 위한 필수적 재료이다. 내 상황에 책임을 지겠다고 결정하는 것은 자신에게 능력과 자원이 있음을 인정하는 것이고 그것은 자신에 대한 긍정적인 평가로 이어진다. 문제는 이 자기책임을 가지기 위해서는 그냥 결심만 한다고 되는 것이 아니라 특별한 관점이 필요하다는 것이다. 내가 세상을 바라보는 관점에 따라서 우리는 자기책임과 함께 자존감을 가질 수도 있고 반대로 자존감과는 거리가 먼 사람이 될 수도 있다.

간혹 앞으로 나아가지 못하는 사람들을 보곤 한다. 이 사람들은 과거의 트라우마, 자신에 대한 열등감, 세상에 대한 불안같이 부정적인 감정이 이들을 잡고 놓아주지 않아 어디로도 가지 못하며 계속해서 반복되는 고통 속에서 허우적댄다.

클라이언트들을 처음 만나면 듣는 이야기 중 많이 나오는 주제가 '부모'에 대한 이야기다. 정확히는 '부모'가 얼마나 자신에게 잘못하였는지 그래서 자신이 얼마나 힘든지에 대한 이야기다.

트라우마에 사로잡힌 사람들도 마찬가지다. 과거에 이러저러한 사건이 있었고, 그 때문에 자신이 불행하다고 설명하는 사람들을 자주 만난다. 그들의 이야기를 주의 깊게 듣고 이 사람들이 어떤 식으로 자신과 세상을 바라보는지 이해하려고 한다. 그리고 내가 그들에게 건네는 이야기는 다음과 같다.

"우리가 세상을 너무 퉁쳐서 보면 될 것도 안 된다."

사람들은 이게 무슨 소리인가 하고 고개를 갸우뚱한다. 이 말은 불행의 이유를 부모 때문이라고 퉁쳐서 보면 불행하지 않을 수 있는 데도 불행해진다는 이야기이다. 그러면 사람들은 혼란스러워하기 시작한다.

우리가 세상을 바라볼 때, 어떤 일이 왜 일어나는지 이해하려면 여러 가지 방식을 이용해 생각해볼 수 있다. 이때 불행한 사람일수록 '단일요인 모델'이라는 생각의 방식을 적용한다. 단일요인 모델은 어떤 일, 결과가 하나의 중대한 요인에 의해서 결정된다고 보는 관점이다.

그러나 대부분의 경우 틀린 관점이다. 세상의 모든 일은 한 가지 원인이 아닌 여러 가지 요인에 의해서 일어난다. 하지만 우리는 그 상황을 이해하기 위해서 여러 요인을 살펴보기 보다는 하나의 요인으로 퉁쳐서 생각하는 경우가 있다. 그런 경우 우리는 불행해지거나 실패를 경험한다.

"어떤 사건 때문에 당신이 사람들을 두려워하는 것은 그 사건에 게 당신이 두려움을 느끼는 책임을 100퍼센트 전가하고 있는 것입니다. 실제로는 그 사건을 바라보는 당신의 관점, 그 사건 이후 있었던 인간관계, 그 사건 이후 당신이 행했던 훈련 또는 훈련하지 않고 방치했던 많은 요인이 당신의 두려움을 만들고 있는데도 말이죠."

나에게 일어난 일 그것도 상당한 시간에 걸쳐서 일어나고 있는 일이라면 상당부분 자기 자신의 행동과 습관에 영향을 받는다. 나와 세상이라는 두 가지 축 중에서 '나'없이 일어나는 내 삶의 일도 없고 '세상' 없이 오로지 나의 책임과 능력으로만 일어나는 일도 없다.

문제는 나와 세상 중 하나의 책임을 지워버린 채 어떠한 일의 결과를 평가할 때 생겨난다. 우리의 행동과 생각은 다른 무엇보다 우리의 관점과 신념에 의해서 결정된다. 세상과 나의 상호작용으로 일어나는 사건에서 '나의 책임'을 빼놓고, 세상에 모든 책임을 전가하는 방식으로 세상을 보면 우리의 행동과 감정은 영향을 받는다. 스스로를 '무고한 피해자 위치'에 세우는 것이다.

무고한 피해자 위치에서 우리는 아무것도 할 수 있는 게 없다. 모든 책임과 영향력은 세상에 있고 자기 자신에게는 능력과 책임이 없다고 바라보는 관점이기 때문이다. 우리가 자존감을 가지고 세상과 상호작용하기 위해서는 상호작용의 한 축을 지우고 세상을 바라봐서는 안 된다. 어떤 일이든 세상의 몫과 나의 몫이 상호작용을 하면서 일어나고, '나의 몫'에 대한 책임은 온전히 나에게 있다는 것을 받아들여야 한다.

또 책임이라고 하니 '과실'과 착각하는 사람들이 많다. 여기서 말하는 '책임'이 있다는 것은 '주인의식'을 가지는 것, 변할 수 있는 '주도권'을 가지는 것을 말한다. 세상이 당신에게 고통을 줄 때, 당신에게 잘못이 없을지도 모른다. 하지만 결정권과 책임을 갖고 상황을 바꾸는 것은 당신의 선택이다. 그 선택은 언제나 당신을 강하게 만들어준다.

상황이 불리하고 주변 사람들은 무고한 피해자 위치에서 칭얼대고 있다고 하더라도 언제나 자신에게 이런 질문을 던질 수 있다.

"내가 이 상황에서 내 의지로 한 발 나아가기 위해서 할 수 있는 것은 무엇인가?"

상황을 바라보는 관점에 내가 내 의지와 책임을 다해 할 수 있는 것을 더하자. 그러면 당신은 스스로에게 책임질 수 있는 인간, 그럴만한 역량과 능력이 있는 인간이 될 수 있다. 상황의 일방적 피해자와 힘든 상황이지만 자신이 할 수 있는 것에 책임을 지려는 인간. 누구의 자존감이 높을지 묻지 않아도 뻔하다.

엄마
없이 못사는
불안한 인생

　나는 코칭을 업으로 하고 있고, 여러 종류의 문제와 이슈를 가진 클라이언트들과 작업을 한다. 그러다보면 의외로 자주 나오는 것 중 하나가 '막연한 불안'이다. 삶에 대한, 세상에 대한, 자신에 대한 원인 모를 막연한 불안감을 호소하는 사람들이 있다. 불안에 대해서 이야기를 꺼낸 것은 불안감을 느끼는 사람들이 가지고 있는 재미난 공통점을 발견했기 때문이다.

　첫 번째, 부모의 집에서 부모에게 생활비와 용돈을 받으면서 살고 있다.

두 번째, 집은 따로 살더라도 부모에게 생활비와 용돈을 받으면서 살고 있다.

세 번째, 집에서 따로 살고 부모에게 생활비를 받지 않는다. 그러나 사소한 문제라도 터지면 쪼르르 부모에게 달려가 손을 벌린다.

그들은 공통적으로 부모에게 얹혀 살고 있다.

막연한 불안감을 가진 사람은 부모에게서 정신적으로, 경제적으로 자립하지 못하였다는 뜻이다. 이것은 생각보다 심각한 문제인데, 자신의 삶을 부모의 지원 없이는 개척하지 못하는 무능한 존재로써 지내고 있다는 의미이기도 하다.

동물의 세계로 말하자면 부모의 젖을 빨아야만 살아갈 수 있는 개체 또는 어미 새가 먹이를 씹어서 목구멍에 넣어주지 않으면 살아갈 수 없는 개체라는 의미이다. 몸은 이미 성체가 된지 오래인데 말이다.

그렇게 무능한 개체는 자연의 세계였으면 이미 예전에 죽었을 것이다. 다만 우리는 사바나 초원에서 사는 게 아니기 때문에 삶을 유지하는 데 큰 문제가 없다. 하지만 그런 무능함을 우리의 몸이 누구보다 잘 알고 있고, 자신의 취약함을 알기에 불안해질 수밖에 없다.

천재 심리학자 미하이 칙센트미하이Mihaly Csikszentmihalyi는 자신의 연구에서 다음과 같은 공식을 제공한다.

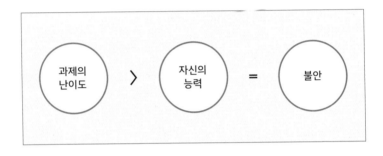

우리가 가진 능력에 비해서 우리가 마주한 과제의 난이도가 너무 쉬우면 지루해진다. 능력과 난이도가 적절한 균형을 이루면 몰입상태에 들어가고 과제가 너무 어려워지면 그저 불안해질 뿐이라는 단순하지만 강력한 공식이다.

우리는 누구나 삶이라고 하는 거대한 게임을 하고 있다. 그리고 성인이 되어서도 부모에게서 자립할 능력이 없는 개체에게 삶이란 과제는 너무나 높은 난이도일 것이다. 수행해야 할 과제가 자신의 능력에 비해서 높게 느껴지기에 끝을 모르는 막연한 불안을 느낀다. 이러한 막연한 불안은 '어른아이'로 있으면 피할 수 없다.

어린아이와 부모의 관계는 정말 신기하다. 어디서도 찾아 볼 수 없는 암묵적 규칙이 존재한다. 아이는 부모가 자신에게 해주는 것에 대해서 당연하다고 생각하고, 부모는 자식을 대가없이 돌봐주려고 한다. '무조건적인 사랑', '대가없는 보살핌' 이러한 것들이 존재하는 기묘한 사이다.

문제는 어른아이는 이러한 것이 세상의 다른 곳에도 존재할 것이라고 생각하고 행동한다는 것이다. 부모와 어린 자식 간에만 존재하는 기적을 마치 세상의 기본 값이라고 생각한다. 그러다보니 자기 부모에게 하는 것처럼 세상을 대한다. 자신이 원하면 세상이 원하는 것을 들어줄 것이라 생각한다.

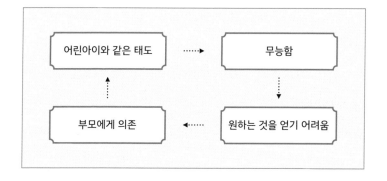

이런 악순환이 반복되는 한 자존감을 찾는 것은 무리이다. 여기에는 무능함에서 끝나는 것이 아니라 자존감에 매우 안 좋은 독이 숨어있기 때문이다. 부모에게 보살핌을 받는 대신 자신의 기준이 아닌 부모의 기준에 자신을 맞추어야 하는 것이다.

어린아이들은 보호자의 심기를 치명적으로 건드리지 않는 '선'을 안다. 부모에게 버림받지 않기 위해서 어디까지 비위를 맞추어야 할지 본능으로 안다. 순종하고 그들의 기준에 맞추는 것이 사랑과 보살핌의 대가인 것이다. 성인이 되고서도 부모에게 독립하지 못한 어른아이는 이러한 의존적 본능을 버리지 못한다.

마음 한 구석에서 부모 또는 부모와 동일시하는 세상에게 버림받지 않을까 두려움에 떨게 된다. 부모 또는 부모의 대체자에게 답을 구하고 비위를 맞추려는 태도에서 벗어나야 자존감이 생긴다.

부모 또는 부모의 대체자에게 버림받을까 전전긍긍하지 않는 것이 자존감을 위한 초석이다. 어떻게 할 수 있을까? 바로 자신의 힘으로 삶을 개척하는 것이다. 일단 경제적으로 부모에게서 독립한다. 직장을 구하고 자신의 살 집을 구하며 부모의 지원 없이 세상에 맞서서 살아가는 것이다. 직장을 구하기 싫다면 나를 먹여 살려줄 사람을 구하는 방법이 있다. 이것은 부모에게 얹혀 사는 것이랑은 다르다. 당신의 능력으로 당신을 먹여 살릴 사람을 유혹해서 관계를 맺은 것이기 때문이다. 당신의 손으로 얻어낸 관계이다.

마지막으로 부모에게 무조건적으로 얹혀 사는 것이 아니라 계약에 의해서 지원을 받는 것이다. 부모가 생활을 지원해주는 대신 당신이 해야 할 것은 무엇인가를 명확히 밝혀 약속한다. 그리고 계약을 이행하는 한 어떠한 잔소리나 지시를 할 수 없고, 계약한 이상의 어떠한 지원도 없는 그런 관계를 맺는 것이다.

누구도 당신의 삶을 책임져 주지 않는 대신 누구도 당신의 삶에 절대적 기준을 제시할 수 없다. 바로 그 지점이 자존감을 위한 초석이 된다.

너의
태도에
책임져라

서울에 한 부자와 그의 아들이 있었다. 아들은 갑자기 아버지를 찾아와서 이렇게 말했다.

"아버지, 저승사자를 봤어요. 저에게 뭔가 말하려고 했어요. 아버지 전용기를 빌려주세요. 오늘 안으로 일본으로 도망가서 저승사자가 못 쫓아오게 도망가야겠어요."

아들은 아버지의 전용기를 빌려서 바로 일본으로 도망

을 갔다. 부자 아버지는 아들 방 앞에서 저승사자를 발견했고 그에게 소리쳤다.

"왜 내 아들 앞에 나타나서 겁을 주는거요?"

그러자 저승사자는 부자를 보며 예의바르게 대답했다.

"정말 죄송합니다. 당신의 아들은 오늘 밤 일본에서 죽을 운명으로 되어있는데 서울에 있는 것을 보고 놀라서 어떻게 알았는지 물어보려고 했습니다. 죽을 운명이 아닌 곳에 있으면 죽음을 피할 수 있거든요."

위의 이야기는 유명한 테헤란의 죽음이라는 우화를 우리 정서에 맞게 바꾸어본 것이다. 이 이야기는 본질적으로 비극을 피할 수 없음을, 비극을 피하려는 시도가 비극을 불러올 수 있음을 알려준다.

로고테라피의 창시자인 정신과의사 빅터 프랭클 Viktor Frankl 은 그가 수용되어있던 나치 수용소에서 탈출하는 트럭 이야기를 한 적이 있다. 그가 있던 수용소는 주기적으로 사람들을 처형

하는 그야말로 죽음의 수용소였다. 그리고 그들에게 보다 안전하고, 죽음의 위험이 없는 다른 수용소로 이송될 수 있는 기회가 생겼다.

프랭클은 그 기회를 놓쳤고 꼼짝없이 죽을 것이라 생각했다. 하지만 놀랍게도 나치에 의해서 그 이송 트럭에 탄 사람은 전부 처형되었고, 기존의 수용소에 남은 사람들은 살아날 수 있었다.

세상은 불확실하고 인간은 불완전하다. 우리는 세상이 가지는 불확실성에 대해서 할 수 있는 것이 아무것도 없다. 우리의 예측과 계획은 매우 유용하게 작동하기도 하지만 우리를 기존보다 훨씬 안 좋은 상황에 밀어 넣는 경우도 있다.

인간이 계획하면 신은 비웃는다. 인생의 비극은 우리가 무엇을 하건 무슨 계획을 세우건 간에 우리를 덮쳐온다. 그리고 그 비극이 온다는 사실 자체에 대해서 우리는 할 수 있는 게 없다. 이렇듯 세상과 인간 사이에는 불합리한 힘의 균형이 존재한다. 우리가 아무리 원하는 것을 얻으려고 애쓰고 할 수 있는 것을 다 해봐도 원하는 일이 이루어지지 않을 수 있다. 반대로 우리가 아무리 원치 않는 일을 피하려고 애써도 일은 일어나곤 한다. 인간은 갈구하고 세상은 거절한다. 이러한 현실에 마주하게 되면 사람은 몇 가지 전략 중 하나를 선택한다.

첫 번째는 무고한 피해자 역할을 수행하는 것이다.

무고한 피해자는 자신에게 일어나는 일에 어떠한 책임도 없으며 그저 피해자일 뿐이라고 생각한다. 나쁜 것은 세상, 다른 사람, 자신이 바꿀 수 없는 자신의 문제 때문이라고 본다. 이 경우 책임을 전부 회피하고, 자신이 아무것도 하지 않을 핑계를 자신에게 줌으로써 불확실한 세상에서 불완전한 인간으로 자신의 인생을 주도적으로 개척할 책임을 효과적으로 회피한다.

두 번째는 전지전능한 죄인 역할을 수행하는 것이다.

전지전능한 죄인은 무고한 피해자의 반대편에 존재한다. 그는 모든 것에 책임을 지려고 한다. 나는 이렇게 못나고 죄 깊은 사람이라는 생각과 자신이 어쩔 수 없었던 무언가에 집착한다. 그리고 불확실한 세상에서 불완전한 인간으로서 주도적으로 무언가를 해내는 것보다 자책과 속죄하는 것에 집중함으로 책임을 회피한다. 전지전능한 죄인은 무고한 피해자가 무고하지 않은 것처럼 전지전능하지 않다. 그들은 명백히 자신이 할 수 없는 것을 할 수 없다고 자책한다.

이러한 태도들은 달콤한 보상을 즉각적으로 가져온다. 세상에서 자신이 책임을 지고 무언가를 시도해서 실패하는 고통을 받게 될 가능성을 원천적으로 차단하기 때문이다. 하지만 그 달콤함에 취해있는 것이 건강한 선택이라고는 할 수 없다. 내가 얼마나 좋은 선택을 하던 간에 그 결과가 나를 위한 것이 아닐 수 있는 우리는 세상에서 어떻게 해야 할까?

답은 우리의 선택과 태도에 책임을 지는 것이다. 동시에 그것이 우리가 할 수 있는 최대한임을 인정하는 것이다. 그리고 할 수 있는 것 중 최선을 다하고 결과는 복잡한 상호작용의 영역이라는 것을 받아들여야 한다.

자신에게 도움이 되는 것을 알고 필요한 것을 얻을 수 있는 선택을 하는 것이다. 주도적으로 선택하고 책임지기 시작하면 몇 가지 긍정적인 일이 생긴다. 피할 수 없는 비극을 피하는 방법이 생기지는 않지만, 당신의 삶에서 의미 있는 보상을 얻게 될 가능성이 높아진다. 적어도 세상을 탓하거나 자신을 탓하는 척하면서 주도적으로 아무것도 하지 않는 경우에 비해선 말이다.

먼저 당신의 신체와 정신은 고통과 비극을 좀 더 잘 견디게 된다. 고통과 비극에 맞서서 올바른 행동을 하기 쉬워지고 이전이라면 무너졌을 스트레스를 감당할 수 있게 된다.

또 자신의 태도에 책임을 지는 것도 중요하다. 심리학자들에 의하면 낙관적 태도는 한 사람의 일생에 매우 큰 도움이 된다. 낙관적 태도는 인간관계, 사회적 성공, 건강의 세 가지 부분에 상당한 영향을 미친다. 심리학자들의 연구결과에 따르면 한 사람이 가지고 있는 개인적 요소 중에 사회적 성공에 영향을 미치는 것은 적성(재능), 동기(욕망) 두 가지 요인이 있다고 했는데 현재는 결정적으로 한 가지가 더 추가되었다.

그 제3의 요소가 바로 낙관성인 것이다. 낙관성은 미래를 예측할 때 또는 실패에 부딪쳤을 때 드러난다. 그것을 극복가능하고 도전할 만하며 이겨 낼 수 있는 것으로 해석하는 심리적 특성이다. 반대로 비관성은 어떠한 시련이 닥쳐오거나 불확실한 미래에 대해 이 위기는 극복 불가능하고 평생 지속될 것이며 자신에게 회복 불가능한 상처를 줄 것 같다고 생각하는 특성이다.

운동을 해서 근육질 몸을 만들고 싶은 사람이 있었다. 나는 그에게 왜 웨이트 트레이닝을 하지 않냐고 물어보았다. 그는 웨이트 트레이닝은 부상위험이 너무 크기 때문에 하지 않는다고 했다. 지금도 그는 웨이트 트레이닝을 하지 않으며 그렇다고 다른 운동을 열심히 하지도 않는다. 몸을 좋게 만들고 싶다고 말하면서도 전과 변함없는 몸을 가지고 살아가고 있다. 그러면서 자신은 좋은 몸을 타고나지 못했기에 몸이 좋아지려면 다시 태어나야 된다고 말한다.

반면에 다른 친구는 몸이 좋아지고 싶다는 마음을 가지고 운동을 열심히 했고 지금은 누가 봐도 보기 좋은, 건강한 몸을 가지게 되었다. 더불어 인기도 누리고 있다. 웨이트 트레이닝을 하기 전에 부상 걱정이 없었는지 물어봤다. 그러자 그는 자신의 형이 웨이트 트레이닝을 하다가 상당히 심각한 부상을 입은 적이 있다는 의외의 답을 했다. 웨이트 트레이닝을 하다가 삐끗하면 심한 부상을 입을 수 있고 자칫 건강해지려다가 건강이 파괴되는 일이 생길 수 있다는 것이다. 백 킬로그램이 넘는 쇳덩어리를 가지고 하는 것이라 위험의 여지가 있을 수밖에 없다고 했다. 하지만 그럼에도 불구하고 부상을 입지 않고 운동을 하는 사람이 굉장히 많다는 이야기를 하면서, 그 방법은 숙련된 전문가가 시키는 대로 하지 말라는 것은 안 하고, 하라는 것을 하면 부상 걱정 없이 할 수 있다고 말을 했다.

두 사람의 차이는 태도다. 한 사람은 자신이 가진 몸은 타고난 것이기에 부정적인 상태에서 빠져나올 수 없다고 믿고 운동을 시작하면 다칠 것이라고 생각했다. 다른 한 사람은 가족이 운동을 하다가 심각한 부상을 입은 적이 있음에도 불구하고 부상을 입지 않고 운동을 할 수 있다고 믿었다. 그리고 운동을 한 것이다.

아무리 재능이 있어도 그것을 쓰지 않으면 전혀 소용이 없다. '그것을 타고나지 않았기에 불가하다.'와 같은 말이 전형적인 비관성을 드러내는 언어이다. 부정적으로 생각하는 사람은 도전을 하는 일이 없다. 물론 도전을 해도 실패할 수 있다. 낙관성만으로 해결되는 일은 없기 때문이다. 그럼에도 불구하고 낙관성은 가치 있는 일에 도전하게 만들어준다. 도전 중에 실패하더라도 그 실패를 극복할 수 있고 이겨낼 수 있다고 생각하게 만들며 도전에 더 집중하고 더 노력할 수 있도록 해준다. 낙관성과 비관성은 사고방식이지만 그 사고의 방식이 한 사람의 인생에 굉장히 커다란 영향을 미친다.

교육심리학자들이 밝혀낸 바에 의하면 단기적인 학업성과가 아니라 장기적으로 학업성과를 높이는데 가장 중요한 것은 지능 등의 인지적 요소가 아니라 학업에 대한 태도이다. 어떠한 태도로 공부를 대하는지, 매일 어떤 선택을 하는지가 타고난 지능보다 장기적인 성과에 훨씬 중요하다. 단기성과는 운의 영역이지만, 장기적인 성과에서 당신이 선택한 태도는 결과에 강력한 영향을 미친다.

당신이 당신의 태도와 선택에 책임을 지면 당신 앞에 상자가 주어진다.

'피할 수 없는 비극'과 '원하는 것'이 들어있는 상자다. 상자를 열기 전까지 무엇이 튀어나올지 모른다. 슈뢰딩거의 비극이다. 하지만 스스로의 선택과 태도에 책임을 지는 사람으로 행동하면 당신은 '원하는 것'이 담긴 상자를 열게 될 것이다.

누군가는 '피할 수 없는 비극'과 '실패의 부담에서 벗어나는 것'이 담긴 상자를 열게 될 수도 있다. 무고한 피해자나 전지전능한 죄인 포지션을 취하여 책임을 피하면 열게 될 상자이다. 여태까지 당신은 많은 상자를 열어왔을 것이고, 앞으로도 많은 상자를 열게 될 것이다.

지금 당신은 어떤 상자의 열쇠를 손에 쥐고 있는가?

올바른 답은 정해져 있다
& 모든 답이 정답이다

당신은 올바른 인생을 살고 있는가?

사실 당신이 어떤 답을 하던 관심이 없다. 답을 했다는 사실 자체가 중요한 것이다. 올바른 인생을 살고 있냐는 질문은 실제로는 그런 것 따위 없음에도 불구하고 올바른 인생이란 것이 어딘가에 있다고 믿게 만든다. 올바른 인생의 존재를 전제하기 때문이다. 올바른 인생, 정답 인생이란 것은 어디에도 없다. 있다고 믿으면 그건 당신에게나 올바른 것이란 사실을 이 기회에 알아두기 바란다.

우리는 언제나 정답을 찾는다. 심지어 정답이란 것이 존재하지 않는 문제에 관해서도 정답을 찾으려고 애쓴다. 교육 시스템의 문제인지, 유전적인 영향인지, 누군가의 세뇌광선에 의한 것인지 모르겠으나 많은 사람들이 '정답=나의 생각'이라는 믿음을 가지고 살아간다.

올바름의 실상은 아주 고약하지만 달콤하고 멋지게 포장되어 있는 것에 불과하다. 많은 사람들은 올바른 것의 실체가 실제로 좋은 것이 아닐 가능성을 무시하고 살아간다. 올바름이란 특정한 조건 하에만 제대로 기능할 수 있다. 바로 의심할 여지없는 평가 기준이 존재할 경우이다. 예를 들어 시험지에서 자주 보았던 다지선다형 객관식 문제가 그러하다. 무엇이 적절한 답이고 무엇이 아닌지가 결정되어 있는 상태에서는 올바른 답이 존재한다.

하지만 우리 인생에서 그렇지 않은 문제들이 훨씬 더 많다. 어떻게 살아가야 하는가, 진로는 어떻게 결정해야 하는가, 어떠한 사람과 사랑을 해야 하는가와 같은 문제들이다. 이러한 것은 절대적으로 올바른 판단의 기준이 존재하지 않는다. 가치판단의 문제이기 때문이다. 그렇지만 많은 사람들이 이러한 문제에 대해서도 정답을 추구한다. 그런 것은 없음에도 말이다. 그래서 '정답처럼 보이는 것'을 추구하는 데, 많은 경우 그것은 대세, 다수의 의견이다.

인간은 사회적 동물로 진화해왔기 때문에 일단 많은 사람들이 하고 있는 것에 관해서는 호감을, 더 나아가 일종의 권위를 느낀다. 하지만 다수의 인간이 한다고 해서 올바를 것이란 보장은 없다. 냉정하게 생각해보면 다수의 인간이 하고 있다는 것은 선택하기 쉽다는 것을 의미할 뿐 가장 좋다는 의미가 아니라는 것을 알 수 있다.

우리는 많은 사람들이 따르는 것을 정답이라고 생각한다. 그런 맥락에서 당신의 인생이, 당신에게 주어진 것이 평균적인 대다수의 사람들의 것과 약간 다르다고 하면 문제가 생긴다. 왜냐하면 당신의 인생은, 당신이 가진 것은 올바른 것이 아니기 때문이다.

하지만 평균적인 인간 따위는 어디에도 존재하지 않는다. 정답이 존재한다는 착각, 정답에 맞춰서 살아야 한다는 착각에 빠져 있는 것뿐이다. 그리고 그 착각을 좋은 것처럼 자신과 타인에게 강요하는 사람들 사이에서 살아온 사람은 그러지 못한 자신을 책망하게 된다. 정답을 추구하면서 사는 것은 결코 이길 수 없는 게임이다. 애당초 정답이란 건 존재하지 않는다.

정답을 따라 사는 한 당신은 결코 올바른 인간이 될 수가 없다. 정답을 추구하고 찾으면 찾을수록 당신은 스스로의 생각과 판단이 아닌 외부의 판단과 평가에 목말라할 것이기 때문이다.

대부분의 사람들에게 있어서 정답이란 대세에 가까운 것이나 타인이 좋게 평가해주는 것이다. 내면이 아닌 외부에서, 세상 어딘가에 존재하는 절대적인 채점자의 기준에 벗어나지 않을까 전전긍긍하면서 사는 것은 인생의 정답이 아니라는 것을 깨달아야 한다.

반대로 모든 답이 정답이라고 생각하는 것도 좋지 않다. 우리는 그렇게까지 자유롭고 제한 없는 존재가 아니다. 자신이 추구하는 삶의 방향을 설정하고 따라갈 때 행복할 수 있다. 우리의 행복을 만들어내는 '행복엔진'이 작동하게 된다.

행복엔진을 작동하기 위한 연료는 크게 네 가지가 있다.

첫째 건강한 몸과 정신

둘째 일적인 부분에서 성취와 몰입

셋째 건강한 관계

넷째 삶의 의미와 미션

이 네 가지는 '정답'이라기보다는 개개인의 삶을 행복한 방향으로 이끌어주는 힌트와 같다. 네 가지 요건이 하나도 충족되지 않고 스스로가 행복하다고 주장하더라도 그 삶은 행복하지 않을 것이다. 사회에서 정한 행복을 위한 '정답'은 존재하지 않는다. 행복엔진이 작동하지 않는 데도 '행복한 삶'이라고 주장한다고 해서 정답은 아니다.

삶의 방식에 '정답'은 없지만 자신에게 맞는 행복엔진을 작동해 행복한 삶을 살기를 바란다.

2030에게
해줄 말

한 영상제작사에서 젊은 보스를 찾아서 취재하는 프로그램을 제작한다며 날 인터뷰 하러 온 적이 있었다. 인터뷰 중 PD에게 이런 질문을 받았다.

"20대, 30대에게 꼭 해주고 싶은 말은?"

"저는 이런 질문을 받으면 이렇게 말합니다. 제 유튜브 채널 구독하시고요. 제 책 두 권 사세요. 한 권은 주변에 선물로 주시고요."

"끝인가요? 저도 답변이 듣고 싶은데요."

"PD님. 2030세대이신가요?"

"네. 그렇습니다."

"무슨 이야기가 듣고 싶으세요? 어떤 고민이 있나요?"

"제 생각에 요즘 세대는 무기력한 게 있는 것 같아요. 희망도 없는 것 같고요."

구체적인 대상이 없어 어떤 말을 해야 할지 몰랐는데 PD님의 이야기를 듣고서야 입이 열렸다.

"요즘 젊은 세대는 집단적으로 무기력한 분위기에 빠져있습니다. 그 이유는 말씀하신 것처럼 희망이 없어서 그럴 거예요. 소확행이나 욜로 같이 일단 확실하게 기분 좋아지는 것에만 몰입하는 것은 좀 더 크고 의미 있는 행복을 얻을 방법이 없어서 그래요. 우울증 비슷한 것입니다. 이런 상태에서 벗어나기 위해서는 근거 있는 희망이 필요합니다.

근데 저는 세상이 앞으로 좋아질 거란 말은 못하겠습니다. 제 전문 분야도 아니고요. 다만 저는 이런 이야기를 하고 싶어요. '당신은 분명히 더 나은 당신이 될 수 있다.', '당신이 가진 여러 가능성 중에 분명히 더 나은 삶을 사는 더 나은 당신이 있다.'고요.

거기에 집중해봤으면 좋겠습니다. 세상에 희망이 없고 이번 생은 망했으니 작지만 확실한 행복과 쾌감만 보는 게 아니라 내가 될 수 있는 가능성 중에 상위 1퍼센트가 되어보는 것입니다. 그게 쉬운 일은 아니란 것을 압니다. 하지만 그것은 의미 있는 일이고, 제가 코치로써 돕고 싶은 일이기도 합니다. 내가 더 나은 사람이 되면 더 나은 세상이 눈앞에 펼쳐진다는 것은 아주 근거 있고 희망적인 이야기 아닐까요."

사실 앞의 이야기는 질문을 한 PD나 2030에게 하는 이야기라기보다는 내가 나에게 하는 이야기이기도 하다. 지금의 나는 5년 전의 내가 보기에 '와 엄청나다.' 느낄 정도로 멋진가를 종종 묻는다. 이런 질문으로 나는 스스로 동기부여를 한다. 5년 전의 내가 지금의 나를 멋지다고 평가할 정도로 나은 내가 된다면 나의 삶이 정말 크게 변할 것을 알기 때문이다.

자신을 긍정적으로 바라보기 위해서는 세상에 대한 최소한의 희망이 존재해야 한다. 나와 세상은 분리된 존재이지만 동시에 밀접하게 상호작용하기 때문이다. 더 나은 내가 된다는 것은 내가 사는 세상이 좀 더 나아진다는 의미이다.

하지만 세상의 부정적인 소식에만 주의를 기울이고 있으면 내가 무엇을 해도 더 나은 세상이 올 것 같다는 생각이 들지 않는다. 내가 무엇을 해도 세상에 비해 '무능하고 불행한 나'인채로 있게 된다는 것이다. 우리가 자존감을 얻고 무기력에서 벗어나기 위해서는 근거 있는 희망이 필요하다. 그 희망의 중심은 바로 '나는 지금의 나보다 좀 더 나은 사람이 될 수 있고 그 결과로 좀 더 나은 세상에서 살 수 있다.'는 믿음이다.

자존감을 올리는 아주 효과적인 방법이 궁금하지 않은가? 지금의 나보다 조금 더 나은 자신을 현실로 만드는 것에 집중하자. 어느새 나를 둘러싼 상황이 더 좋아지는 것을 느낄 것이고 그러면 긍정적인 자기평가를 할 수 있게 된다.

성공하는
자아실현

　자아실현을 이루어야 한다고 하면 어려워 보인다. 하지만 그 의미를 살펴보면 그렇지 않다. 자아실현은 가능성으로만 존재하는 나를 현실화시키는 것이다. 자신에게 의미 있고, 긍정적인 자신의 가능성을 현실로 만드는 것은 자존감 상승에 매우 도움이 된다.

　우리가 생각하는 것과 다르게 자아실현은 별 다른 노력 없이도 아주 간단히 이루어진다. 사전에서 자아실현을 '하나의 가능성으로 잠재되어 있던 자아의 본질을 완전히 실현하는 일'이라고 설명하고 있다. 자아실현은 당신 안에 잠재되어 있던 가능성을 실현하는 것이다.

재미있는 것은 모두가 그 가능성이 굉장히 고상하고 긍정적인 것이라고 생각한다는 것이다. 그런데 현실에서는 자아실현이 고상하고 긍정적으로 이루어지지 않는다. 우리가 살고 있는 현실에서는 우리의 의지와 관계없이 계속해서 자아실현이 일어난다. 어떤 상황에서 내리는 모든 의식적인 선택과 행하는 모든 무의식적인 반응들이 전부 자아실현을 만들어낸다.

예를 들어 100일째 무능하고 무의미하고 무기력한 삶을 살고 있는 사람이 있다. 그 다음날에도 이 사람이 타성과 습관에 젖어 아무 것도 하지 않았다. 그래서 101일째 무능하고 무의미한 삶을 살게 되었다. 101일이 되기 전까지 가능성의 영역으로만 남아있던 '무기력한 사람'을 현실로 만든 것이다. 부정적인 자아실현이다.

반대로 이 사람이 '세상 사는 것은 어렵고 지금까지 많은 실패를 했어. 그래도 오늘 할 수 있는 일에 최선을 다해봐야지.' 하고 어제와는 다른 삶을 살기로 결정하고 실행했다. 그럼 이 사람은 이전까지와는 완전히 다른 자신의 가능성을 현실화시키게 된다. 긍정적인 자아실현이다.

연속으로 101일을 무기력하게 사는 사람으로서의 가능성은 실현되지 않고 그동안 무기력하게 살았지만 오늘부터는 달라질 것을 선택한 사람으로서의 가능성이 현실화되는 것이다.

무엇을 하든 하지 않든 우리가 가진 여러 가지 가능성 중 하나가 현실화되는 자아실현은 계속해서 일어난다. 그래서 '더 나은 내가 되고 싶어. 좋은 내가 되고 싶어. 하지만 상황이 따라주지 않아.' 하고 긍정적인 자아를 실현하는 것을 미루는 사람들은 현실을 잘못 파악하고 있다. 결국은 긍정적인 자아실현을 미루는 것이 아니라 그 순간에도 스스로 마음에 들어 하지 않는 '나'를 현실화시키는 것이다.

자아실현은 절대로 멈춰지지 않는다. 우리가 어떤 의식적인 선택을 하거나 무의식적으로 반응해도 계속해서 일어나고 있다. 그렇기 때문에 우리는 긍정적인 자아실현과 부정적인 자아실현 둘 중 하나를 선택하는 것이지 자아실현 자체를 멈출 수는 없다. 긍정적인 자아실현을 하고 싶은 사람을 위한 세 가지 팁이 있다.

1 **스스로 마음에 들어 할 자아실현의 포인트 찾기**

스스로를 의미 있고 자랑스러워할 만한 긍정적인 자아실현이 이루어지는 지점을 찾는다. 자기 자신을 소중하게 느낄 수 있는 모습은 여러 가지 나의 '가능성' 중에서 어떤 모습인지 알아본다.

2 **내 결정과 선택만으로 이루어질 수 있다는 것 이해하기**

긍정적인 자아실현은 어떤 사회적인 보상이나 일에서 성과를 얻는 것과 다르다. 일의 결과나 주변 환경과 상관없이 우리의 결정과 선택으로 이루어질 수 있다.

3 **부정적인 자아실현을 멈추기**

긍정적인 자아실현이 어렵다면 반복적으로 하고 있는 부정적인 자아실현을 멈추는 것이다. 적어도 스스로 마음에 들지 않는 인간을 만들어내는 것을 그만둔다.

첫 번째 팁은 자기 자신을 소중히 느낄 수 있는 지점을 찾는 것이다. 한 친구는 연애를 시작하면 그 전까지 가지고 있던 취향과 기준 등을 만나는 사람에게 맞춰 트랜스포머처럼 바꾼다. 그리고 자신이 생각하기에 더 나은 연인으로 바뀌어가는 모습을 굉장히 마음에 들어 한다.

반대로 다른 친구는 연애를 할 때도 자신만의 확고한 기준을 지키고 싶어 한다. 아름다운 여성과 데이트를 했고 그 여성이 마음에 들었지만 자신의 기준과는 다른 행동을 원했다. 그래서 관계를 이어나가고 싶지만 자기 스스로가 관계를 위해 변화하는 사람이 되고 싶은지 아니면 자신의 생각과 기준을 지킬 것인지 고민하기 시작했다. 그는 상대방과 어떤 관계를 얻을 수 있든 간에 자신만의 기준을 지키는 자아를 현실화시키기로 결정했다.

어떤 것이 더 좋다고 말할 수 없다. 자아실현은 스스로가 느끼기에 마음에 드는 지점을 찾아가면 된다. 자신의 모습이 마음에 든다면 그것으로 충분하다.

두 번째 팁은 스스로 결정과 선택을 내리는 것이다. 누구나 두려워하는 것이 있을 수 있다. 그런데 그 두려움을 마주하지 않기 위해 피하고 도망치면서 사는 사람이 있다. 피하고 도망치는 것은 그 사람이 선택할 수 있는 여러 가능성 중에 하나이다.

그런데 어느 순간 두렵지만 도망치지 않고 당당히 맞서는 사람이 되기로 선택할 수 있다. 물론 상처받거나 해를 입을 수도 있지만 도망치지 않기로 선택함으로써 용기를 가지고 맞설 수 있는 인간이 되는 가능성을 현실화시킬 수 있다. 이러한 결정으로 지금까지와는 전혀 다른 나의 가능성을 실현할 수 있게 된다. 중요한 것은 일의 결과나 주변의 상황이 아니라 스스로의 결정으로 어떤 사람이 되고 싶은지 정할 수 있다는 것이다.

세 번째 팁은 긍정적인 자아실현을 하고 싶지만 너무 어렵다고 생각하는 사람들을 위한 방법이다. 먼저 부정적인 자아실현을 그만두는 것이다. '오늘도 마음에 들지 않는 나'를 만들어내는 것을 멈춘다. 우리에게 의미가 있는 사람, 소중히 여기는 사람들이 자랑스럽지 못하다고 여길 부정적인 자아실현을 끝내는 것부터 시작한다. 그 포인트는 누구나 가지고 있을 것이다. 스스로의 부정적인 자아실현을 멈춰보자. 점차 더 나은 '나'의 가능성을 선택하는 긍정적인 자아실현이 가능하게 될 것이다.

자존감을 키우려면
성장 자신감을
키워라

　자존감과 자신감은 깊은 연관이 있다. 자존감이 '자기가치에 대한 일반적 인식'이라면 자신감은 '과제수행을 할 수 있다는 자기능력평가'정도가 될 것이다. 자존감을 위해서는 자신감이 필요하다. 그러면 자신감을 키우려면 어떻게 해야 할까? 먼저 우리가 '자신감을 기른다.'고 했을 때 자신감이 무엇을 의미하는지를 명확히 이해하고 시작하는 것이 좋다.

　많은 사람들이 '자신감'이라고 하면 어떤 과제를 두고 그 과제를 완벽하게 성공할 수 있을 것이라는 느낌이나 믿음을 생각한다. 이것은 '수행 자신감'이다. 일을 수행하여 성공할 수 있다고 믿는 자신감이다. 이 수행 자신감은 어떤 일을 많이 수행해보고 성공 경험이 쌓여야 얻을 수 있다.

그럼 성공 경험이 부족한 사람들은 어떻게 자신감을 가질 수 있을까? 수행 자신감 말고 '나는 배울 수 있다'고 생각하는 성장 자신감을 가질 필요가 있다.

'내가 지금 이건 완벽하게 수행하지 못하더라도 연습과 훈련을 하면 점점 더 잘하게 될 것이다. 그래서 시간이 지난 후에는 지금보다 훨씬 더 잘할 수 있다. 나는 이 과정을 감내할 수 있고 한발 한발 앞으로 나아갈 자신이 있다.'

당장 맡은 일을 완벽하게 해내지 못하더라도 해나가면서 성장할 수 있다는 자신감을 갖는 것이다. 이것은 지금 당장 눈앞의 성공에 대한 자신감을 갖는 수행 자신감과는 다르다. 장기적으로 성장할 수 있다는 과정에 대한 자신감이다.

많은 사람들이 수행 자신감을 갖기 원한다. 하지만 수행 자신감만을 중시하는 것은 자신감 하락의 지름길이다. 어떤 일을 잘하기 위해서 노력할 수 있고 앞으로 충분히 더 잘할 수 있다는 믿음을 갖는 성장 자신감이 굉장히 중요하다.

수행 자신감은 단기간의 성과나 결과만을 가지고 판단한다. 결과가 좋지 않을 때 자신감이 낮아진다. 하지만 성장 자신감은 불확실한 결과보다는 연습과정과 일을 대하는 태도에서 나온다. 실패하더라도 준비한 만큼 해낼 수 있다면 자신감은 높아진다. 포기하지 않고 어떤 것을 해내며 성공의 경험이 쌓이면 이것은 결국 수행 자신감으로 이어지게 된다.

성장 자신감을 위해 필요한 열쇠는 세 가지다. '장기전이 가능한 지구력', '목표가 보이지 않아도 방향을 예측하고 필요한 방법을 생각하는 사고력', '학습과 협력을 가능케 하는 원활한 커뮤니케이션' 이 세 가지 열쇠는 우리 삶에 존재하는 많은 문제에 접목해볼 수 있다.

시험을 앞두고 있을 때 짧은 시간 공부해서는 시험에 통과하기 어려울 것 같다. 단기적으로 생각하면 성공(시험의 통과)이 너무 멀리 있다. 지구력을 사용하면 6개월, 1년을 준비할 수 있고 성공의 길이 열리게 된다.

그리고 합리적 사고력과 학습능력이 시험의 통과를 위한 효과적인 방법을 계속해서 찾을 수 있도록 도와준다. 혼자 못하더라도 상관없다. 효과적인 의사소통 능력을 통해 다른 사람의 도움을 받을 수 있기 때문이다. 타인과 소통하면서 학습하고 합리적 사고력으로 성공의 흔적을 따라가면 다시 성공의 가능성이 보일 것이다. 우리가 잡아야 할 성공과 성취를 따라가는 과정은 몇 달에서 몇 년이 걸릴 수도 있다. 하지만 그 과정에서 우리는 분명하게 더 나은 사람으로 성장하게 된다.

수행 자신감은 단기적으로 지금 이 순간 성공을 잡을 수 있다는 자신감이다. 성장 자신감을 갖춘다는 것은 성공이 도망가더라도 그것을 계속 따라갈 각오가 되어 있다는 뜻이다. 그 과정을 통해 배우고 좀 더 효과적으로 성공을 얻을 수 있으며 주변의 도와줄 사람과 소통해 장기전을 해낼 수 있다.

더 나아가 성공을 놓치더라도 경험을 통해 배워서 더 나은 사람이 될 수 있고 다음 성공은 잡을 수 있다고 생각하자. 성장 자신감의 중요함을 이해하면 당장의 성과로 판단해 쓸데없이 자존감을 깎아 먹고 장기전을 포기하는 비합리적 선택을 방지할 수 있다. 합리적이고 흔들리지 않는 자존감을 위해서는 성장 자신감을 가져야 한다.

쿨하게 관계 맺는
착한 갑이 되는 기술

02

CHAPTER

좋은 평가를
구걸할수록
불안은 커진다

　　최근 진행하고 있는 집단코칭에서 이런 일이 있었다. 코칭의
주제는 자신의 내적신념을 바꾸고 하는 일을 더 잘하게 만드는
것이었다. 한 참가자가 이런 주제를 꺼냈다.

　　"저는 발표를 하거나 많은 사람들 앞에서 말할 일이 생기면
너무 불안해집니다."
　　"어떤 점이 제일 불안하세요?"
　　"사람들이 저를 좋게 봐주지 않을까봐 불안합니다."

"자, 이분은 발표를 잘하고 싶습니다. 그리고 이 분의 초점은 사람들에게 좋은 평가를 받아야 한다는 것에 맞추어져 있습니다. 어떻게 해야 사람들이 당신에게 좋은 평가를 줄까요?"

"제가 편하게 자신감을 가지고 불안해하지 않으면서 말해야 할 것 같습니다."

"그럼 어떨 때 편하고 자신감이 있으며 불안하지 않게 말할 수 있을 것 같으세요?"

"사람들이 저를 좋게 평가해줄 것이라고 알고 있다면 불안하지 않을 것 같습니다."

나는 사람들을 슥 둘러보고 다시 말했다.

"자, 우리는 사람들 앞에서 말하는 게 불안합니다. 왜냐하면 사람들이 나에게 좋은 평가를 주지 않을까봐 걱정이 되기 때문입니다. 좋은 평가를 받기 위해선 불안하지 않게 말해야 합니다. 근데 나는 지금 불안해요. 그럼 좋은 평가를 받기 힘들겠네요.

이 불안에서 빠져나오려면 사람들이 좋은 평가를 해야하는데 사람들은 오히려 불안하지 않은 사람에게 좋은 평가를 줍니다. 하지만 나는 불안한 사람입니다. 이 문제는 해결할 수 없어요. 답이 뱅뱅 도는 문제에서 빠져나와야 합니다.

사람들이 생각하는 좋은 발표란 무엇일까요? 불안하지 않은 것 포함해서 가장 중요한 요소 세 가지만 정리해서 말해 보세요."

그러자 그는 나름의 답을 말했다. 답을 듣고 집단코칭에 참가한 사람들에게 다른 의견이 있는 사람이 있는지 물었다. 몇 사람이 손을 들고 이야기를 했고 주제를 정리했다.

사실 남들 앞에서 우리가 불안한 이유는 이길 수 없는 게임을 이기려고 하기 때문이다. 사람들이 좋은 평가를 해야 이길 수 있는 게임은 이기기 힘들다. 왜냐하면 발표를 하기 전에, 생각하고 있는 '사람들'은 실제로는 존재하지 않기 때문이다.

"노력하면 이길 수 있는 게임을 하세요. 그 게임은 내가 생각하는 긍정적 기준을 정해두고 그것을 만족시키기 위해서 노력하는 것입니다. 스스로 만족할 만한 발표를 하는 것이 중요하다면 발표를 열심히 준비하면 게임에서 이길 수 있습니다. 또 불안함도 줄어듭니다."

발표를 할 때마다 불안을 느낀다고 말했던 그의 표정은 질문을 할 때와 완전히 달라져 있었다. 그에게는 무한한 혼란이 아닌 믿고 기댈 수 있는 지침이 생긴 것이다.

사람들 앞에 설 때 불안이 생기는 가장 큰 원인은 내가 '통제할 수 없는 것'에 너무 집착하기 때문이다. 세상에는 스스로 통제할 수 있는 것과 그렇지 않은 것이 있다. 우리는 어떠한 사실과 현상에 대해서 있는 그대로 받아들일 수도 있는 반면에 그것을 바꾸거나 피하고자 집착하기도 한다.

통제가 전혀 불가능한 상대방의 반응에 너무 과하게 집착하고 반응하는 것이 사람들 앞에 나설 때 불안을 느끼는 가장 큰 원인이다. 만약에 초자연적 마인드 컨트롤 능력을 가지고 있어 발표를 어떻게 하든 어떤 행동을 하든 상대방이 엄청나게 감동해서 나를 찬양하게 만들 수 있다면 불안이란 것이 생길까?

반대로 컨트롤 할 수 없지만 아무렇지도 않게 받아들일 수 있는 요소도 있다. 만약 친구가 검은색 운동화를 신고 왔다는 것에 내가 불안을 느낄까?

두 경우 다 불안한 마음이 크게 생기지 않을 것이다. 불안이 생기는 시나리오는 다음과 같다.

"발표를 해야 하는데 이 발표를 망치면 매우 안 좋은 일이 생겨요. 어떻게든 좋은 평가를 받아야 하는데 준비한 내용으로 좋은 평가를 받을 수 있을지 모르겠어요."

통제할 수 없는 것에 대해 과도한 집착을 하는 상황에서 불안함을 느끼게 된다. 발표를 듣는 관객이 면접관, 심사위원, 동료, 학생 등 누구든 간에 그들의 인정과 평가에 집중할 때 문제가 생긴다. 관객이 나에 대해서 어떠한 평가를 내릴시 알 수 없고, 평가를 컨트롤 할 수 있는 것도 아니다. 그런데 사람들 앞에 설 때 불안함을 느끼는 사람은 그 평가에 집착하다 못해 목을 맨다. 마치 굶어 죽기 일보 직전의 아기 새가 먹이를 물고 있는 어미 새에게 그 먹이를 달라고 보채는 듯한 태도를 가진다.

커뮤니케이션은 양방향이다. 내가 상대에게서 받는 것과 상대에게 내가 주는 것으로 이루어져 있다. 받는 것은 내가 컨트롤 할 수 없다. 평가를 갈구하는 것은 컨트롤 할 수 없는 것에 과하게 집착하는 것이다. 받는 것의 중요도가 올라가면 올라갈수록 의사소통은 불확실하면서 위협적인 것이 된다. 잘 되어야만 하는데 결과가 어떻게 될지 모르는 것이 된다.

마치 빌딩 옥상에서 반대편 빌딩의 옥상으로 좁은 나무판자

위를 걸어서 건너가야 하는데 눈을 감고 걷는 것과 같은 상황이다. 절대 떨어지면 안 되지만 결과를 알 수 없는 불확실한 상황이 만들어진다. 이런 상황에서는 불안을 느끼지 않을 수가 없다.

불확실성과 위협의 조합은 인간을 미치게 하고 불안하게 만든다. 하지만 불안에 떠는 많은 사람들은 스스로 불확실함과 위협을 크게 만드는 습관을 가지고 있다. 관중의 평가에 일희일비하면서 위협을 크게 만들고, 그것의 필연적 불확실성 때문에 불안은 점점 더 커지게 된다.

내가 컨트롤 할 수 없는 것에 집착할수록 우리는 통제력을 잃고 실력을 발휘하지 못하게 되며 오히려 실력을 발휘하기 힘든 상태가 된다. 반대로 우리가 컨트롤 할 수 있는 것에 집중하면 집중할수록 우리는 우리의 능력을 잘 발휘할 수 있다. 이 말을 기억하자.

"내가 컨트롤 할 수 없는 상대의 반응에 너무 신경을 쓰는 것은 불안을 만든다.

내가 컨트롤 할 수 있는 것에 집중할수록 불안이 줄어든다."

당신이
해야 할 것은
정보전달 게임

　사람들과 마주하는 상황에서 우리는 자기만의 게임을 하곤 한다. 사람마다 디테일의 차이는 있지만 크게 보아서 두 가지로 그 종류를 나눌 수 있다.

　첫 번째는 평가구걸 게임이다. 이 게임의 주된 목적은 어떤 것을 전달하느냐가 아니라 상대방에게서 좋은 평가를 받아내고 나쁜 평가를 받지 않는 것이다.

　두 번째는 정보전달 게임이다. 자신 안에 있는 정보, 지식, 감정, 아이디어를 상대에게 전달하는 것이 주된 목적인 게임이다.

우리가 게임을 할 때 게임의 난이도가 높으면 높을수록 우리의 불안은 높아지고 자신감은 떨어진다. 정보전달 게임의 난이도는 어떨까? 정보전달 게임은 그저 자신이 가지고 있는 도구를 이용해서 상대방에게 특정 정보를 잘 전달하는 것 외에는 아무것도 신경 쓸 필요가 없다. 열심히 정보를 준비하고 정보를 전달하면 된다. 그 후에 보너스 같은 느낌으로 평가가 따라온다. 중요한 것은 평가가 아니라 정보의 전달을 얼마나 잘했느냐이다. 이 게임은 실패할 일이 없다. 정보를 전달하는 방식이나 어떤 내용을 전달할 것인지는 게임을 하는 사람이 컨트롤 할 수 있기 때문이다.

반대로 평가구걸 게임의 경우 상황이 다르다. 관객 중 한 사람이라도 마음속으로 안 좋은 평가를 내리면 끝이다. 이기기 위해선 모든 관객이 좋은 평가를 내려야만 한다. 하지만 관객의 취향은 서로 약간씩 다르고, 누군가는 기분이 안 좋은 일이 있어 나의 발표와 관계없이 나쁜 평가를 내릴 수도 있다. 이런 상황에서 나쁜 평가를 전혀 받지 않고, 좋은 평가를 받아내는 것의 난이도는 어떠한가? 난이도를 평가할 수 없다. 불가능하다. 이 게임의 난이도는 너무나 높아서 자신감을 가질 수가 없다. 그야 성공할 수 없는 게임이기에 그렇다.

한 번 곰곰이 생각해보기 바란다. 발표를 시작하기 전에 어떤 것을 걱정하고 있었는지. '사람들이 날 어떻게 생각할까? 이상하다고 생각하거나 비웃으면 어떻게 하지?'와 같은 생각이었는가? 그렇다면 당신은 평가구걸 게임을 하고 있다. 그래서 불안한 것이 당연하다. 당신의 내면에서 평가보다 정보전달의 중요성이 높아질수록 당신은 컨트롤 할 수 있는 것에 집중하게 된다.

상대의
반응은
참고자료

평가구걸 게임의 핵심은 상대의 반응에 일희일비하는 것이다. 사람인 이상 타인의 반응과 감정에 전혀 영향을 받지 않을 수는 없지만 그것을 적절한 수준으로 줄일 수 있는 아이디어가 있다.

먼저 상대의 반응은 참고자료일 뿐이라는 것을 이해해야 한다. 상대의 사소한 반응이 사형선고나 천상의 부름처럼 느껴지는 사람일수록 불안을 쉽게 느끼게 된다. 상대의 반응은 그저 내가 하는 말을 잘 이해하고 있는지, 어떤 생각을 가지고 있는지에 대한 참고자료이다. 그리고 상대방이 어떠한 반응을 보이건 간에 말하고자 하는 의도를 전달하면 된다. 왜냐하면 발표의 내용보다 상대방이 보이는 사소한 반응이 중요하지 않기 때문이다.

물론 상대방의 반응을 참고해 정보전달을 더 잘할 수 있다. 그런 의미에서 상대방의 반응은 참고만 하면 된다. 상대방이 약간 부정적 반응을 보인다고 해서 움츠러들어야 하는 사형선고가 아니라는 것을 이해해야 한다. 중요한 것은 처음부터 끝까지 내가 의도한 바를 정확하게 상대방에게 전달하는 것이다. 그 과정에서 상대방이 그 전달을 좋아할 수도 있고 아닐 수도 있다.

상대의 반응은 내가 어떻게 할 수 있는 것이 아니다. 그저 상대방이 내가 하고자 하는 말을 정확히 이해를 못했거나 여러 가지 이유로 커뮤니케이션이 원활하지 않다는 의미다. 상대의 반응을 보고 말의 속도라거나 예시 등 전달 방법을 즉흥적으로 조절하게 해주는 참고자료로 보면 된다. 이렇듯 반응을 참고하여 문제를 수정하면 되는 것이지 크게 벌벌 떨 필요가 전혀 없다.

우리가 평가구걸 게임을 하고 있다는 것을 알아차리지 못하면 불안함에서 벗어날 수 없다. 에어컨이 작동하고 있는지 아닌지, 온도설정이 어떻게 되어있는지 알아채지 못하면 기껏 에어컨이 있어도 그 혜택을 볼 수 없는 것과 마찬가지다. 그렇기 때문에 우리가 어떤 심리 게임을 하고 있는지 의식적으로 알아차리는 능력을 가질 필요가 있다. '알아차림'은 스스로의 감정에 빠져 그 안에서 밖을 보는 것이 아니라 자신의 감정과 행동을 한층 위에서 관찰하는 것이다.

∞ 알아차림 훈련법

❶ 지금 스스로 어떤 호흡을 하고 있는지 확인해본다. 그렇게 자신의 호흡에 계속 집중해보도록 한다.

❷ 거의 대부분 잡념이 떠오르기 시작할 것이다. 잡념을 없애려고 하지 말고, 잡념에 따라가지 말고 그저 잡념이 떠올랐단 것을 알아차리고 계속해서 호흡에 집중하도록 한다.

잡념이 떠오르는 것을 막을 순 없다. 잡념이 떠오른다는

것을 알아차리곤 다시 호흡에 집중하는 연습을 하는 것이다. 이 연습을 통해서 우리는 우리가 어디에 주의를 기울이고 있는지 주의의 초점이 움직이는 것을 인식할 수 있게 된다.

자신의 호흡을 관찰하다가도 문득 다른 자극이나 잡념에 의해서 자극이나 잡념을 따라가려는 의도가 무의식적으로 생길 때 그것을 알아차리는 능력을 길러보자. 이것이 쉽게 되는 사람이 있을 것이고, 노력이 필요한 사람이 있을 것이다. 이 능력이 발달할수록 자신을 통제하기 쉬워져 평가구걸 게임에서 벗어날 수 있게 된다. 이 연습은 하루에 3~5분 정도 하는 것만으로 효과가 있다. 시간을 내서 해보는 것을 강하게 추천한다.

호흡을 알아차리는 연습이 익숙해지면 그다음에는 실전으로 들어가면 된다. 스스로 '평가구걸 게임을 하면 알아차리고 그만두겠다.'라는 마음을 가지고 발표상황에 들어가는 것이다. 그러면 평가구걸 게임을 하게 될 때 그것을 알아차리기가 한결 쉬워질 것이다. 그 후에는 알아차리고 평가구걸을 하고 있다는 것과 지금 집중할 수 있는 것을 하자고 말하면 된다. 평가구결 게임에서 효과적으로 벗어나서 좀 더 자신감 있게 발표할 수 있을 것이다.

실수라는
노이즈

    '실수를 하면 어떻게 하지?'라는 걱정은 사람과의 관계에 대한 불안을 가진 많은 사람들이 주로 한다. 하지만 쓸데없는 걱정이다. 정말로 걱정할 가치가 없다. 사소한 실수를 걱정하는 것은 평가구걸 게임으로 이어지기 때문이다.

    정보전달 게임을 하면 전혀 걱정할 필요가 없다. 왜냐하면 평가구걸 게임에서 실수란 것은 그것들 하나하나가 완벽한 평가를 깎는 폭탄이지만 정보전달 게임에서 실수란 잠시 지직거리는 노이즈 같은 것이기 때문이다.

텔레비전을 보다가 중간 중간 광고를 본 적이 있을 것이다. '60초 후에 계속 됩니다.'와 같은 것들이다. 최근에는 유튜브를 볼 때 영상 중간에 광고가 나오는 경우가 자주 있다. 중간에 나오는 광고 때문에 보고 있던 방송 내용을 완전히 까먹거나 전혀 이해하지 못하고 즐기지 못한 적이 있는가? 아마 별로 없을 것이다.

실수란 무엇인가? 정보전달의 과정에서 정보전달을 하는 것 외의 모든 일들이 실수다. 기나긴 침묵, 발음이 꼬이는 것, 단어를 잘못 말하는 것, 기침을 하는 것 등 원래 전달하고자 하는 내용과 관계없는 불순물들이 실수다. 이 불순물이 조금 섞여도 정보전달에는 문제가 없다는 것을 이해해야 한다. 영상 중간에 끼어드는 광고처럼 당신이 발표시간에 할 수 있는 실수보다 훨씬 더 대놓고 확실하며 의도적으로 프로그램과 관계없는 불순물이 끼어들어도 시청자는 거의 방해를 받지 않는다.

광고가 아니라 방송사고가 일어나도 알아차리지 못하는 사람이 대부분이다. 만약 발표 중에 당신이 사소한 실수를 해도 알아차리고 기억하는 사람은 거의 없을 것이다. 자연스럽게 넘어가면 그걸 의식하는 사람은 없다. 그런데 실수한 것에 당황하고 있다면 사람들은 사소한 실수도 큰 실수로 인식하게 된다.

이 글을 읽고 있는 여러분도 명심해야 한다. 평가구걸 게임을 하면 실수는 폭탄이지만, 정보전달 게임을 한다면 실수는 사소한 노이즈에 불과하다.

∞ 스텝 바이 스텝! 게임 바꾸기 실습

1 평가구걸 게임과 정보전달 게임을 이해하라

평가구걸 게임은 이길 수 없는 게임이다. 이겨야만 하는 게임을 절대로 이길 수 없을 때 우리는 불안해진다는 것을 이해했다. 이 게임을 이기는 법은 하나다. 게임을 하지 않는 것이다.

정보전달 게임은 이길 수 있는 게임이다. 타인의 평가가 아닌 나의 정보전달에 집중하는 것으로 충분히 게임에서 이길 수 있다.

2 구체적인 이미지를 그린다

발표에서 스스로 원하는 이상적인 장면을 그려본다. 그 상황에서 기분과 생각은 어떠할지 몸에서 어떠한 감각이 느껴질지도 구체적으로 생각해보기 바란다. 발표를 통해 어떤 내용을 전달했는지, 주변 사람들이 그것을 얼마나 잘 이해했는지도 생각을 해보자. 발표에서 얻고자 하는 결과가 무엇인지, 구체적이고 감각적으로 생각해서 정의하도록 한다. 그리고 그것을 위해서 어떠한 정보를 어떻게 전달하는 것이 효과적인지 생각해보자.

③ 발표 준비를 한다

잘 구성된 이미지를 가지고 정보전달 게임의 기준에 입각해서 스스로 만족할 만큼 준비를 한다. 여기에는 전체적인 발표의 흐름에서부터 예상되는 질문에 대한 답변까지 포함된다. 타인이 여기에 어떻게 반응할지 정확히 아는 것이란 불가능한 것이기에 전문가나 주변의 의견을 참고하되 우선적으로 자신이 만족하고 긍정적인 평가를 낼 수 있는 발표를 준비하도록 한다.

④ 발표 시작 전 알아차림

스스로가 어떠한 게임을 하고 있는지, 무엇에 주의를 두고 있는지를 알아차림으로써 정보전달 게임을 할 수 있도록 한다. 사람들의 반응에 대한 걱정은 평가구걸 게임을 하고 있다는 신호이다. 그 상황을 알아차리고 다시 정보전달 게임을 하도록 한다.

5 발표 중 알아차림

자신의 상태에 대한 알아차림을 발표 중에도 하는 것이 좋다. 예상 외의 질문이나 사소한 실수 등에 의해서 평가구걸 게임을 저절로 시작할 수 있기 때문이다.

스스로가 평가구걸 게임을 하고 있다고 알아차리면 다시 주의를 정보전달에만 집중하는 것으로 정보전달 게임을 유지해야 한다. 발표 중에 타인의 반응은 내가 전달하고자 하는 정보를 잘 전달하고 있는지를 알기위한 참고자료라는 관점을 가지는 것이 도움이 된다. 물론 실수에 대해서도 정보전달 과정에서 흔히 있을 수 있는 사소한 노이즈 정도로 취급하는 것이 평가구걸 게임이 아닌 정보전달 게임을 유지하고 잘 할 수 있는 또 하나의 팁이라고 할 수 있다.

완벽해져야 한다
or 완벽해질 수 있다

스스로 완벽주의자라고 칭하는 사람들이 은근 많다. 하지만 세상일에 완벽한 것이 없는 경우가 훨씬 많기 때문에 이 사람들은 그냥 불안한 사람들일 뿐이라고 생각한다. 면접이나 시험 준비를 열심히 해도 당일에 무슨 일이 일어날지는 알 수 없다. 그래서 스스로 완벽주의자라고 하는 사람들은 대게 걱정쟁이지 정확한 의미에서의 완벽주의자들이 아니다.

그러면 그 사람들은 왜 그렇게 걱정이 많은 걸까? 바로 언제나 모든 면에서 흠을 잡혀서는 안 된다는 마음을 가지고 있기 때문이다. 우리는 어릴 때부터 '모든 상황에서, 모든 사람에게, 모든 면에서' 완벽 또는 최소한 나쁜 이미지를 만들면 안 된다고 반복해서 교육받는다. 당연히 그것이 불가능함은 말할 것도 없다. 실패를 두려워하고 실수를 걱정하는 것은 여러분을 가르치는 사회가 모자람과 불완전함을 허용하지 못하기 때문이다.

무언가를 성취하고 전문성을 가지고 도전해서 성공해본 경험이 적을수록, 완벽주의라고 불리는 모든 것을 걱정하는 마음가짐을 가지기가 쉬워진다. 별 볼일 없는 인간일수록 포장에 신경을 쓰고 흠 잡히는 것을 두려워하기 마련이다. 완벽한 이미지의 함정은 누구도 완벽할 수 없다는 데에 있다. 하지만 완벽한 이미지를 가지기 위해서 애를 쓸 수는 있다는 것이 당신에게 해가 되는 치명적인 생각이다. 불가능한 일에 계속해서 도전하고 에너지를 낭비하면 낭비할수록 우리는 가능한 일조차 할 수 없게 된다.

사람들한테 언제나, 모든 상황에서 완벽하고 흠 없는 이미지를 유지하는 것은 불가능한 임무이다. 하지만 달성하려고 애를 쓸 수는 있는데 그 결과는 자신의 재능, 욕망, 원칙, 기분 등을 등한시하고 '이미지 만들기'에 급급한 불행한 인생이다. 완벽한 인간 따위 없다. 완벽한 이미지를 만들기 위해서 애쓰는 인간만이 있을 뿐이다. 이 완벽한 이미지를 위한 노력이 실패에 대한 허용을 거의 불가능하게 만들고 그 결과 아무런 도전도 하지 않고 주위 사람들의 눈에 들기 위한 발악만 하다가 청춘을 다 보내는 결과로 이어질 수도 있다.

우리 사회는 그러한 완벽함 또는 결점 없는 이미지를 만드는 것에 매우 집착한다. 결혼, 직장, 학벌, 외모까지 완벽해지기 위해 애쓴다. 신경 쓰지 않는다고 하면 '그건 네가 사회를 몰라서 그래.'라는 답변이 돌아온다. 명절에 가족이 모이면 완벽한 이미지를 갖추지 못한 사람을 도와주고 신경 쓴다는 명분으로 스트레스 주는 일이 빈번하다.

결론부터 말하면 모든 사람에게 모든 상황에서 흠을 잡히지 않는다는 것은 불가능하다. 그리고 그것을 위해서 인생을 살다가는 정작 당신에게 중요한 일들을 신경 쓰지 못하게 될 것이다.

하지만 사회는 흠을 잡히지 말아야 한다고 당신에게 소리친다. 바로 당신이 알아차리고 피해야 할 생각인 것이다. 당신의 불완전함은 피할 수 없으며 정말로 괜찮다.

사람들은
왜 당신을
무시할까

한 남자가 연약한 할머니를 지속적으로 괴롭혔다. 할머니는 경찰에 가서 이야기하지만 경찰은 할머니를 무시했다. 괴롭힘은 지속되고 참다못한 할머니는 이상행동을 하기 시작했다. 이상행동은 세간의 관심을 끌어 취재진이 도착하고 그제서야 경찰이 개입하고 결국 괴롭힘은 끝이 난다.

안타까운 이야기다. 왜 경찰은 할머니를 무시했을까? 사실 이유는 한 가지다.

무의식적으로 할머니의 필요를 존중하지 않아도 아무런 손해가 없다고 판단했기 때문이다. 경찰은 공무원이고 당연히 그 할머니를 도와야 할 의무가 있지만 경찰도 인간이다. 인간은 사회적 동물이라 타인의 필요를 무의식적으로 감지하고 충족시키는 것을 돕는다. 동시에 인간은 계산적 동물이라 자신의 필요에 따라서 타인을 돕는다.

우리는 사회적이지만 자신의 이이에 따리 움직일 수 있다. 그래서 상대에 따라 행동을 다르게 한다. 물론 그렇지 않은 사람도 있지만 그것은 의식적 노력의 수준에서의 이야기다. 여기서는 자신의 이익을 우선하여 움직이는 면을 바라보고 이야기를 해보려고 한다.

이런 면을 잘 이해하면 사회적 교양인으로서의 도덕적 관념을 좀 더 고귀한 것으로 만들 수 있다. 그래야 도덕적 관념이 잘 발달되지 않은 인간으로부터 나를 보호할 수 있게 된다.

포유류는 다른 개체와 마주쳤을 때 자동적으로 그 개체의 지위를 파악하려고 한다. 사람도 마찬가지다. 상대의 지위가 나보다 높은지 낮은지 비슷한지 파악한다. 상대의 지위가 높을수록 그들의 기분과 필요에 주의를 두고 반대로 지위가 낮을수록 그렇지 않은 경향성을 가진다.

나는 코칭을 하면서 설득과 영향력을 잘 발휘하는 법을 사람들에게 알려준다. 그 커리큘럼 중에 자신의 지위를 여러 수준으로 바꾸어 보면서 사람들이 어떻게 반응하는지를 관찰하는 내용이 있다. 이 실험을 하는 동안 수강생 중 한 명이 낮은 지위를 나타내는 몇 가지 신호를 몸에 두르고 세탁소에 가서 드라이클리닝을 맡기려고 했다. 그러자 사장이 퉁명스럽게 말도 안 되는 가격을 부르며 바가지를 씌우려고 했다. 그 수강생은 그 가게를 떠났고, 다시 높은 지위를 나타내는 몇 가지 신호를 몸에 두르고 가게에 다시 들어갔다.

그러자 놀라운 일이 일어났다. 언제 그랬냐는 듯 세탁소 사장은 훨씬 저렴한 가격을 훨씬 친절한 태도로 제시했다. 처음에 제시한 가격은 착각한 것이라며 더 깎아주겠다고 친절한 태도로 서비스를 제공했다. 바로 '지위'의 힘이다.

그러면 그 수강생의 지위를 나타낸 신호는 무엇일까?

낮은 지위의 첫 번째 신호는 '호감을 구걸하는 것'이다. 어떤 사람의 눈치를 살피며 혹여나 기분이 나쁘지 않을까 안절부절하는 것이다. 하고 싶은 이야기가 있는데 상대방이 기분 나쁘지 않을까 전전긍긍하는 것이다. 매너를 지키는 것과 전전긍긍하는 것은 완전히 다른 이야기기 때문이다.

두 번째 신호는 위축된 자세이다. 최대한 자신이 차지하는 공간을 적게 차지하고 방어적인 자세를 가지는 것이다. 이것은 신체를 통해서 이렇게 말하는 것과 다름없다. '저는 작고 위협적이지 않아요. 저를 그냥 지나가주세요!' 어깨는 잔뜩 올라와있고 목은 숙이고 가슴은 움츠려 자신을 아주 작게 만들고 있는 사람은 그냥 보기에도 겁먹은 것처럼 느껴진다.

바로 이 두 가지가 당신을 본 사람들이 무의식적으로 당신이 낮은 지위의 개체라고 인식하게 만드는 대표적 신호이다.

이와 반대되는 높은 지위의 첫 번째 신호는 '열린 몸'이다. 정확히 표현하면 자신의 신체 중앙선을 방어하지 않는 이완된 자세이다. 일어서서 당신의 목, 심장, 명치, 성기에 이르는 인체의 급소를 누군가에게 "때려봐" 하면서 들이미는 것 같은 자세를 해보자. 그러면 영화에서 보이는 반건달 아저씨 같은 자세가 된다. 이것은 극단적으로 자신의 지위를 높이려고 하는 좀 없어 보이는 자세이다. 이제 과장되지 않게 급소를 열고 바른 자세를 유지해보자. 바른 자세로 몸을 열면 높은 지위를 단숨에 보일 수 있는 신체 언어가 된다.

두 번째로 '상대의 기분을 걱정하지 않으며 필요한 말을 하는 것'이다. 상대의 기분을 걱정하지 않고 말을 하는 것은 무례한 것이나 상처 주는 말을 하는 것과는 다르다. 무례한 것도 자신의 사회적 지능이 낮음을 증명하는 것에 불과하며 당신의 지위를 높여주지 않는다.

필요한 말을 적절한 방법으로 하면 상대방이 상처를 입지 않는다. 동시에 자신의 의사를 정확히 전달할 수 있다. 이것은 사회적 지능을 의미하고, 필요한 말을 할 수 있는 용기가 있다는 것을 나타내며 높은 지위를 암시한다.

예를 들어 상대방이 나의 정당한 요구를 들어주지 않았을 때 징징거리며 왜 내 말을 안 들어주는지 툴툴거리지만, 상대가 기분이 상할까 직접적으로 말은 못하고 돌려서 표현하는 것을 떠올려보라. 그리고 '당신의 사정은 이해하지만 이 제안을 들어주지 않으면 나는 필요한 조치를 취할 것이다.'라고 당신이 원하는 바를 정확히 전달하면서 상대의 감정을 공격하지 않는 것을 떠올려보라.

지위의 문제가 아니라 어린아이의 말하는 방식과 어른의 말하는 방식 정도로 차이가 난다. 다른 사람의 기분을 조금이라도 상하게 만들지 않으려고 계속 눈치를 보면서 낮은 지위의 언어적, 비언어적 습관을 유지해보라. 그러면 사람들은 당신을 좋아하거나 존중하는 것이 아니라 그저 덜 위협적으로만 느낄 것이다.

반대로 두 가지 방법을 통해서 당신이 높은 지위에 있음을 사람들에게 나타내면 사람들은 저절로 당신을 존중히게 될 것이다. 그리고 당신을 좋아하게 될 것이다. 왜냐하면 사람들은 지위가 높고 무례하지 않은 사람에게 자연스럽게 이끌리기 때문이다.

바보랑
친구하느니
고독해져라

간혹 부모들이 아이에게 이런 말을 하곤 한다.

"친구들이랑 전부 사이좋게 지내야지."
"음식 가리지 말고 전부 잘 먹어야지."

두 가지 말은 비슷하게 들린다. 몸에 안 좋은 음식은 분명히 존재하고 그것들을 가려 먹을수록 우리의 건강과 행복에 긍정적인 영향을 미친다. 나는 인간관계에도 그 원칙이 적용된다고 믿는다. 친구를 골라 사귈수록 건강과 행복에 긍정적인 효과가 나타난다.

인간은 가까운 사람의 영향을 굉장히 많이 받는다. 인정하지 않을 수도 있지만 가까운 사람이 주는 영향력은 무시할 수 없을 정도로 크다. 문제는 가까운 사람이 나에게 주는 영향이 달성하고자 하는 삶의 목표에 크게 악영향으로 작용될 때 나타난다.

영향력의 기술을 가르치는 세미나에서 사람들에게 해보라고 시키는 재미난 게임이 있다. 어떤 사람이 이야기할 때 일부러 그 사람과 어긋나는 행동이나 말을 계속해서 해보는 것이다.

처음하는 사람은 극도의 불편감을 느낀다. 말하는 사람뿐 아니라 어긋나는 행동을 하는 사람도 말이다. 비슷한 예로 맥도날드에 가서 진지하게 '순대국밥 특으로 한 그릇이요.'라고 말해보라고 시키면 이것을 실행으로 옮기는 사람은 극히 드물다.

왜일까? 우리는 본능적으로 주변 환경과 사람에게 동조하기 때문이다. 주변 사람의 생각과 감정, 행동 심지어 생리적 반응까지 우리는 자기도 모르게 동조한다. 문제는 내가 '주변 사람과 트러블 없이 지내는 것'이 인생의 목표가 아닐 때 발생한다.

친구가 이런 이야기를 했다.

"내가 사업을 하나 하려고 하는데 말이야. 주변 사람들이 전부 안 될 거라고, 직장이나 다니라고 하는데 어쩌지?"

"넌 어떻게 하고 싶은데?"

"나는 실패하더라도 인생의 경험 삼아 해보고 싶어. 근데 주변 사람들이 그러니까 벌써 자신감이 없어지네."

나는 그에게 주변 사람들이 사업을 해본 적이 있는지 물었고, 그는 자신에게 그런 말을 한 사람 중 아무도 사업을 해본 적이 없다고 이야기했다. 사업이 성공할지 실패할지는 모르겠지만 한 가지 확실한 것은 실패를 먼저 생각하는 사람들에게 둘러 쌓여있는 것은 앞으로 사업을 하면서 있을 고난과 불확실성을 이겨내기 위한 좋은 선택은 아닐 것이라고 말했다. 주변 사람의 의견에 동조하기 때문이다.

클라이언트 중 한 명은 이런 고민을 털어놓은 적이 있었다.

"저는 정치에 큰 관심이 없는데 주변 친구들은 특정 정치사상을 지지해요. 그 주제로 이야기를 나누고 싶지 않지만 자주 대화 소재로 등장해서 울며 겨자 먹기로 동조할 때가 있어요. 그런데 제 생각과 조금 달라 스트레스를 받아요."

"싫은데 왜 동조를 해주나요?"

"그렇게 하지 않으면 혼자가 되니까요."

그녀에게는 두 가지 선택시만이 존재했다. 따돌림을 당하지 않기 위해서 동조하거나 따돌림을 당하거나.

누구나 무의식적으로 게임을 하며 살아간다. 그녀가 '따돌림 안 당하기 게임'을 하고 있는 한 그 두 가지 선택지에 계속 갇혀 있어야 한다고 이야기했다. 그녀에게는 다른 게임을 할 수 있는 선택지가 있었다.

바로 혼자가 되는 것이다. 의견이 잘 맞지 않는 친구들과 멀어져 다른 친구를 사귀는 선택지를 택할 수 있다.

사람들은 고독함이 인생에서 무언가 잘못을 저지른 사람이 떨어지게 되는 지옥과 같은 곳이라고 생각하는 경향이 있는 듯하다. 하지만 적극적으로 고독해지는 것을 선택할 수 있는 사람은 인간관계의 여유와 자존감을 높일 수 있다.

주변에 있는 사람들이 나의 발전을 지지하지 않을 때, 고독을 선택할 수 없는 사람은 '무리에 끼는 대신 자기발전을 포기하는 대가'를 치뤄야 한다. 그럴수록 자신의 가치와 자존감, 유능성은 떨어지고 점점 더 사람들에게 의존하게 된다.

반대로 고독을 적극적으로 선택할 수 있는 사람은 옆에 주어진 사람들에게 의존하지 않는다. 그래서 여유와 자유를 가질 수 있게 된다. 그리고 그 여유와 자유는 주위에 둘 사람을 선택하는 데 강력한 자원이 된다.

여기서 이야기하고자 하는 것은 심리적 거리감을 가지는 것에 관한 이야기이다. 사람들에게 무례하게 대하거나 무시를 하란 소리는 아니다. 자신 안에서 심리적으로 가까이 둘 사람과 아닌 사람을 결정해야 한다는 의미다.

상대가
미워질 만한
배려를 하지 마라

심리기술코치로써 사람들을 만나다 보면 많이 받는 질문은 대부분 인간관계에 관한 것이다.

"제가 어디까지 양보해야 하나요?"
"어떤 관계냐에 따라서 다르겠지만 사이좋게 오래가고 싶다면 상대가 미워질 만한 양보는 하지 마세요."

상대가 미워질 만한 양보는 다시 말하면 내가 손해 봤다는 생각이 강하게 드는 배려와 양보이다. 왜 이런 양보를 해서는 안 될까?

첫 번째로 손해 보는 양보를 계속하는 것은 상대방을 '손해 입히는 사람'으로 만드는 일이다. 상대방이 나에게 손해 입히고 불편한 마음이 들도록 만드는 사람이 되면 그 관계는 당연히 지속되기 힘들다.

두 번째로 약간의 평화를 위해서 두 사람 간의 솔직한 의사소통을 희생시키는 습관을 만드는 일이다. 솔직한 감정의 공유는 건강하게 관계가 지속되기 위해서 필수적이다. 특히 사적인 관계에서는 더욱 그렇다.

불편함을 피하기 위해 솔직함이 아닌 거짓 웃음과 친절함을 이용하는 것은 문제가 된다. 손해 본다는 느낌이 들지만 그런 감정을 없는 척하며 배려하면 상대방은 흔쾌히 배려를 해준다고 생각한다. 하지만 실제 나는 불편한 감정을 느낀 채로 있어야 한다. 이 상황에서 상대방은 관계에서 허용되는 선과 범위를 잘못 인식하게 된다.

그와 동시에 무의식적으로 상대방이 나에게 손해를 입히는 사람이며 이기적인 사람이라고 받아들인다. 그리고 상대방에게 받을 빚이 있는 것으로 여기게 된다.

이것이 습관화되기 시작하면 상대방은 내가 어떤 부탁도 흔쾌히 들어주는 정말 착하고 마음 넓은 사람이라고 생각한다. 반대로 나는 거듭되는 거짓말을 감당하기 위해서 마음 편하게 할 수 있는 배려와 양보의 수준을 훨씬 벗어난 배려와 양보를 해야 하기 때문에 스트레스가 쌓이게 된다.

이 상황이 계속되면 두 가지 선택지만 남게 된다. 싸우거나 도망치거나.

첫 번째 싸우는 것을 선택하면 상대방에게 화를 낸다. 받아야 할 빚을 한 번에 갚으라고 소리치거나 나에게 왜 이런 부당한 일을 하냐고 상대방을 매도한다. 상대방의 입장에서는 어이가 없어진다. 그때까지 상대방은 그런 부탁쯤 어렵지 않게 들어줄 수 있는 사람이라고 여겼기 때문이다.

이렇게 폭발적인 감정을 한 번에 뿜어내면 그 관계를 원래대로 되돌리기 어려워진다. 게다가 상대방은 당신이 갑자기 화를 내는 이상한 사람으로 여기게 될 것이다.

그럼 싸우지 않고 도망을 치는 경우는 어떨까?

스트레스는 쌓이고 거짓말도 쌓여서 그 관계에서 흔쾌히 들어줘야 할 부탁은 점점 더 부담이 된다. 하지만 지금까지 불편한 마음을 속이고 부탁을 들어줬기 때문에 솔직하게 말하기는 힘들어진다. 부담은 줄어들지 않고 상대에게 화를 내기에는 이상해 그대로 도망치게 된다. 갑자기 상대를 피하고 연락을 끊으며 사라져 버린다. 물론 이 경우도 상대방은 어리둥절해진다.

화내거나 도망치거나 두 선택지 모두 건강한 관계를 지속하는데 도움이 되지 않는다. 문제는 상황이 계속해서 반복되면 두 가지 외의 다른 선택을 하기 어려워진다. 겉으로는 불만이 없는 척하고 있지만 속으로는 분노가 가득 쌓인다. 두 사람의 관계에선 암묵적으로 부담스러운 것을 흔쾌히 해줘야 한다는 규칙이 있는 상태가 되고 결국 이성적으로 사고하고 행동하기에 힘이 든다. 약간의 용기를 내서 상황을 바꾸기에는 너무 멀리 왔기 때문이다.

거짓말이 쌓이고 쌓여서 어디부터 풀어가야 할 지 모르는 상황이 오기 전에 솔직함을 사용해야 한다. 먼저 이해해야 하는 것은 두 가지이다.

---

1 상대방을 배려하는 상황에서의 선택은 상대방에 대한
감정과 나 자신에 대한 자아상에 영향을 미친다.

2 관계의 규칙을 기만하는 습관을 줄일수록 장기적으로
신뢰할 수 있는 관계를 가질 수 있다.

상대방의 무리한 요구에 거절하지 못하면 무리한 요구를 거
절할 수 없는 무능한 인간이 되는 것과 동시에 상대방은 나의 감
정적 연약함을 이용하는 강요자가 된다. 반대로 내가 상대방의
무리한 요구를 거절하면 나는 상대방을 존중하고 좋은 관계를
맺지만, 나 자신도 챙길 수 있는 성숙한 인간이 될 수 있다. 상대
방 또한 긍정적인 관계를 맺고 있지만 거절의사를 표현했을 때
한발 물러나는 성숙한 인간이 된다.

거절하지 못하고 그것을 좋아서 하는 것처럼 상대방에게 기
만적인 태도를 보이면 나는 거짓말쟁이가 되고 상대방은 강요자

가 된다는 것을 이해하는 것이 제일 첫 번째로 해야 할 일이다. 나와 상대방 모두 존중할 만한 인간이 되는 가장 빠른 길은 내가 상대방을 존중하지 못할 상황에 스스로를 빠트리지 않아야 한다는 것을 이해해야 한다.

두 번째로 관계에서 편하게 받아들일 수 있는 범위를 속이는 습관은 두 사람 사이의 관계 규칙을 어그러트리는 질 나쁜 행위라는 것을 알아야 한다. 관계가 일종의 게임이라면 두 사람은 게임을 재미있게 하기 위해 합의된 규칙이 필요하다. 문제는 상대방이 룰을 깨거나 무리한 요구를 했을 때다. 당신이 그것에 대한 거부의 의사를 표시하지 않고 상황이 반복된다면 두 사람의 게임은 이상해진다.

상대방은 그 상황에서 어떠한 부정적 피드백도 듣지 못했기에 자신이 하고 있는 것이 정상적인 게임이라고 생각한다. 하지만 속으로 당신은 문제가 있다고 생각하며 상대방의 행동에 분개심을 느낀다. 솔직하게 안된다고 말 할 바에야 자기가 손해 보더라도 그렇다고 말하고 싶은 당신이 게임을 망친다.

지금까지 당신이 게임에서 계속 질 때마다 무언가를 내주었다면 게임이 끝난 뒤에 남는 것은 부정직한 약탈자인 상대방에 대한 끝없는 분노만 남는다. 그 분노에서 당신의 관계를 지키기 위해서라도 상대방이 미워질 만한 배려를 계속해서 하는 기만적 습관을 없애야 한다.

거절에는
이유가
필요 없다

예전에 한 클라이언트와 이런 이야기를 나눈 적이 있다. 거절하는데 어려움을 겪는 사람들에게 나는 언제나 같은 조언을 해준다.

"저는 다른 사람이 부탁하는데 거절하는 법을 모르겠어요. 이유를 대려고 해도 적절한 이유가 없으면 그냥 해주고 꼭 나중에 후회해요."

"거절에는 이유가 필요 없어요. 싫으면 그냥 싫은 거죠."

"무슨 이야기인지 알겠어요. 하지만 어떻게 딱 잘라 싫다고 할 수 있죠?"

"딱 잘라서 '싫어요. 그냥 싫어요.'라고 말하는 게 아니에요. 상대방을 존중하고 부드럽게 거절해야죠. 하지만 거절을 위해선 완벽하고 납득할 만한 이유를 대야 한다는 생각에서 벗어나는 것입니다. 우리는 관계에 대해서 각자의 신념을 가지고 살아요. 당신의 신념은 '관계에서 특별한 이유 없이 거절하면 안 된다.'는 것입니다. 하지만 그것은 사실이 아닙니다. 그리고 그 신념은 당신에게 고통을 줍니다. 당신의 에너지, 주의력, 시간, 감정처럼 다른 소중한 일에 쓰일 수 있는 자원을 그 사람의 부탁을 들어주기 위해서 사용하는 것이죠. 그것을 활용해서 할 수 있었던 다른 일을 희생한다는 의미입니다. 생각해보죠. 소중한 것을 희생하는데 이유가 필요한가요? 굳이 소중한 것을 희생하지 않는 것에 이유가 필요한가요?"

이유가 없으면 거절을 못 한다고 생각하는 사람들은 자기 자신에게 일종의 '당위성'을 부여하고 있는 것이다. 특별하고 적절한 이유가 없으면 '타인의 요청을 거절해선 안 된다.' 같은 당위성 속에 스스로를 가두고 있다. 반대로 상대방에게 과하게 열심히 잘 대해주고 상처받는 사람이 있다. 생각하는 것만큼 보답과 관심을 돌려주지 않으면 크게 실망하고 자신 또는 상대에게 어떤 문제가 있는지 곱씹는다.

혼자 잘해주고 상처받는 사람들도 자신과 타인에 대해서 일종의 당위성을 부여하고 고통받는다. 예를 들면 '나는 모든 사람에게 사랑받아야 하고 내가 잘해준 사람은 무조건 나에게 내가 준 것 이상 또는 동등의 애정과 관심을 돌려주어야 한다.' 같은 것이다.

심리치료사인 알버트 엘리스 Albert Ellis 는 사람들이 심리적 문제를 겪는 이유가 자신과 세상, 사람들에게 비합리적인 당위성을 강요하고 그 당위성에 사로잡히기 때문이라고 이야기했다. '이유 없이 거절을 못 하는 사람'이나 '상대방이 나를 사랑해주지 않으면 못 견디는 사람' 모두 비합리적 당위성에 갇혀서 스스로를 고통에 빠트린다.

이러한 비합리적 당위성에서 벗어나 자유롭고 흔들리지 않는 관계를 가지고 싶다면 다음과 같은 관점을 가져보는 것이 도움이 된다.

"상대는 나에게 어떤 요청과 부탁을 해도 된다. 그리고 그것에 어떻게 반응할지는 나의 온전한 자유이다. 나는 상대에게 어떤 요청과 부탁을 해도 된다. 그리고 그것에 어떻게 반응할지는 상대의 온전한 자유이다."

관계에서 각자의 몫을 명확히 하고 나의 몫에 책임을 지는 것에 집중하면 거절이 좀 더 쉬워지고 상대방의 거절에도 상처를 덜 받게 된다.

거절에는 이유가 없다. 그리고 거절하는 것은 괜찮다. 거절을 하는 것도 거절을 당하는 것도 말이다. 상대방에게 이유 없는 거절을 허용할 수 있는 당신은, 상대방에게 이유 없는 거절을 할 수 있는 당신이 된다. 그리고 그 정도의 존중과 허용을 상대방에게 제안할 때 놀랍게도 그 관계는 깊어지고 풍부해진다. 왜냐하면 존중과 허용이 안전함을 만들고, 안전함은 자기도 몰랐던 솔직함을 만들어내기 때문이다.

혹시 어린 시절에 이런 경험이 있는지 모르겠다.

"아까 시킨 일 왜 안했어? 이유가 뭐야?"

"그냥 하기 싫어서요."

부모님이 어떤 것을 시켰는데 하기 싫어서 하지 않았다. 그러자 부모님은 당신을 혼내며 '왜 시킨 것을 하지 않았는지 납득 갈만 한 이유를 말해보라.'고 했다. 당신은 '그냥 하기 싫어서 안했다.'라고 말하는 것이 아니라 무언가 이유를 만들어서 어떻게든 그 상황을 벗어나고 싶어 한다.

이런 일이 몇 번 반복되면 사춘기 아이와 부모의 골은 점점 깊어진다. 부모는 아이가 왜 그러는지 모르겠다고 하고, 아이는 엄마아빠랑은 말이 안 통한다고 생각한다. 한 번은 자녀와의 커뮤니케이션 이야기를 클라이언트와 나눈 적이 있었다.

"선생님, 아이가 사춘기라 그런지 말을 너무 안 들어요. 저랑 이야기도 잘 안하려고 하고요. 특히 이번에 야간자율학습 해야 되는데 애가 하기 싫다고 하더라고요. 남들 다 하는 건데 애는 왜 그러는지 모르겠어요. 어떻게 설득해야 할까요?"

"아드님이 왜 야자를 해야 되나요?"

"왜 하는 게 아니라 남들 다 하는 걸 자기가 안 하겠다고 하는 게 이상한 거 아닌가요? 대학도 가야하고요.”

　“남들 다 하는 걸 자기 아이도 해야 한다는 건 어머님 생각이
고요. 아드님은 아닌 거네요. 둘이 생각이 다른 거고 생각이 다
른 건 아이가 남편을 닮아서도 아니고, 어머님이 잘못 가르쳐서
도 아닙니다. 그냥 원래 사람 생각은 다 다른 거예요. 그리고 야
자 힘들죠. 힘든 거 하기 싫은데 무슨 이유가 필요해요.”

　“그럼 아이가 하고 싶다는 대로 다 하게 해줘야 할까요?”

　“아뇨, 다만 야자를 하게 설득하고 싶으시다면 ‘왜 너는 남들
다 하는 걸 혼자 거절하니 그건 좀 이상하지 않니?’라고 하는 것
은 대화의 시작점으로 좋지 않다는 거죠. 힘든 거 하기 싫은 데는
이유가 필요 없고 그걸 해야 할 때는 이유가 필요해요. 어머님이
말씀하시는 ‘남들 다 하니까.’는 아드님한텐 설득이 되지 않는 이
유니까요. 근데 거기에 왜 내 이유를 안 받들이냐고 화만 내면 관
계성은 무너지고 설득하긴 더 힘들죠. 일단 아드님의 거절을 존
중해야 합니다. 그건 거절을 받아들이란 게 아니라 거절하고 있
음을 알고 그걸 표현할 수 있게 허용해주는 겁니다.”

　“거절을 인정해주어야 한다는 거죠?”

　“네. 그리고 아드님에게 ‘네가 거절할 수 있다. 하고 싶지 않
을 수 있다.’라고 그의 생각을 인정하고 그 후에 왜 야자를 거절

하는 것보다 하는 것이 나은 선택인지 납득할 수 있는 이유를 제시해 주어야죠. 이것이 가장 수월하게 아드님을 설득하는 방법입니다.

계속해서 이야기를 나누며 어떻게 설득할 것인지 정했다. 그녀의 아들이 가지고 있는 꿈을 위해선 지금보다 학업성적을 올릴 필요가 있고, 그러기 위해서는 공부량을 늘려야 된다는 점을 논리적으로 설명하기로 했다.

이 이야기에서 중요한 것은 그녀가 아들의 거절에 대해 느끼는 태도의 변화이다. '남들 다 하는 건데 거절하는 건 이상하다.'에서 '거절할 수 있다. 다만 거절하는 것보다 받아들이는 것이 너의 꿈과 미래를 위해서 좋은 선택이다.'로 바뀌면서 그녀는 아들과의 관계를 지키는 것뿐만 아니라 효과적으로 설득할 수도 있게 되었다.

결국
끼리끼리
모인다

감정적으로 불안정한 부모는 아이와 불안정한 관계를 맺는다. 아이는 커서 감정적으로 불안정하게 되고 다른 사람들과 불안정한 관계를 맺는다. 그리고 다시 불안정한 사람을 파트너로 선택한다. 또 아이를 낳고 그 아이와 불안정한 관계를 만든다.

언젠가 클라이언트가 이런 말을 한 적이 있다.

"코치님, 저는 정말 이상한 남자랑만 사귀어요. 제가 이상한 남자만 끌어당기나 봐요."

"맞아요. 어떻게 알았어요? 연구결과에 의하면 관계에서 과하게 불안해하는 불안형 애착을 가진 사람은 관계에서 감정적 교류를 안정적으로 하는 사람보다 똑같이 불안해하는 관계 스타일을 가진 사람과 맺어지는 경우가 많다고 합니다."

"오, 정말 맞아요. 저는 만나는 남자마다 집착이 심하거나 어린애 같이 행동하는 경우가 많아요. 제가 그런 사람들 끌어들이는 거면 제가 좀 더 감정적으로 안정되면 괜찮아질까요?"

"물론입니다. 저는 두 가지 방법을 추천드립니다."

첫 번째 방법은 안전하면서 솔직한 의사소통을 연습하는 것이다. '안전하면서 솔직하다.'는 것은 자신의 감정을 알아차리고 그것을 표현하되 상대에게 강요하거나 책임을 떠넘기지 않는 것이다. 예를 들면 상대방의 행동 때문에 기분이 상했다.

"당신은 대체 왜 그래?"

격하게 반응하는 것이 안전하지 않은 의사소통이다. 반대로 기분이 상하지 않은 척하는 것은 솔직하지 않은 의사소통이 될 것이다.

솔직하고 안전한 의사소통은 이렇게 말하는 것이다.

"당신의 행동으로 내가 이런 기분을 느낀다."

상대를 비난하거나 속이지 않고 자신의 감정을 솔직하게 말하지만 감정을 인정하고 책임을 떠넘기지 않는 것이다.

감정을 안전하고 솔직하게 표현하는 기반을 만들 수 있다면 당신의 기분을 좋게 만들기 위해서 다른 사람들의 협력을 구할 수 있다. 반대로 자신의 감정을 제대로 표현하지 못하면 협력의 기반은 만들어지지 않고 오히려 관계의 골이 깊어질 가능성이 높다.

예를 하나 들어보자. 한 여성은 남자친구와 자주 싸운다. 남자친구가 하는 행동이 그녀를 불안하게 만들기 때문이다. 남자친구가 다른 사람들과 모임을 마치고 늦게 귀가할 때마다 그녀는 핑계를 대며 남자친구를 공격하고 남자친구는 그 공격을 이해할 수 없다는 듯이 반응한다.

이런 일이 반복될수록 그녀는 남자친구에 대해 실망하고 남자친구는 말도 안 되는 이유로 자신을 공격한다고 생각한다. 서로 감정의 골은 깊어지고, 어느 순간 한쪽이 폭발하면서 관계는 파탄이 나고 두 사람은 마음의 상처를 입는다. 그리고 그녀에게 이 패턴이 계속 반복된다.

만약 그녀가 안전하지만 솔직한 의사소통의 기술을 익혔다면 이런 패턴이 반복되지 않을 것이다.

"나는 당신이 늦게 귀가할 수 있다는 것을 알아. 다만 당신이 아무 연락 없이 늦게 귀가했다는 것을 알게 될 때마다 불안감이 들어."

상대방에게 책임을 전가하고 비난하는 게 아니라 상대의 상황을 인정하면서도 자신의 불안을 솔직하게 드러냈다고 해보자.

그럼 이 지점부터 두 사람은 건전하고 신뢰를 쌓을 수 있는 해결책을 같이 만들어갈 수 있을 것이다.

"카톡 했는데 왜 답장 늦게 해? 그렇게 바빠? 꼭 다른 사람이랑 그렇게 오래 이야기해야 돼?"

하지만 그녀가 계속 해왔던 대로 패턴을 반복한다면 건전하고 안전한 관계를 만들기는 힘들 것이다.

다음 단계는 안전하고 안정적인 애착 관계를 맺을 수 있는 사람과의 접촉을 늘리는 것이다. 어린 시절 감정적으로 불안정한 부모 밑에서 양육된 아이는 성인이 돼서도 불안정한 관계와 감정에 시달릴 가능성이 매우 높다. 하지만 안정적인 애착 관계를 성인이 된 이후라도 맺을 수 있다면 불안정한 관계와 감정을 얼마든지 좋아질 수 있다.

안정적이고 안전한 관계를 맺을 수 있는 사람에는 여러 종류가 있다. 훈련받은 상담사, 코치일 수도 있고 좋은 친구나 연인이 될 수도 있다. 그들과의 관계를 통해서 안전한 감정과 솔직하지만 존중이 있는 의사소통을 체험하면서 감정적으로 불안정한 사람도 안정적으로 변할 수 있다.

그리고 위의 두 가지 방법을 통해 감정적으로 안정적이고, 좋은 관계를 맺을 수 있는 사람이 되면 그런 사람들이 주위에 모이게 된다. 좋은 사람들과의 관계는 당신을 더욱 안정적이고 안전하게 만들어주어 선순환이 이루어지게 된다.

나는 다른 사람이
잘 봐주어야만 괜찮은 존재다

어린 시절을 한 번 떠올려보자. 학교나 학원의 선생님이나 운동부 감독님, 친구의 엄마를 만나는 자리에서 이렇게 말한 적이 있는지 말이다.

"좀 하자가 있긴 한데 그래도 쓰는 데는 문제가 없을 거예요. 하하하."

"모자란 아이지만 잘 좀 봐주세요. 하하하."

부모님의 목소리가 떠오른 사람도 있을 것이고 그런 사실이 있지만 기억이 안 나는 사람이 있을 수도 있을 것이다. 마치 물건을 보여주며 말하는 첫 번째 문장과 당신을 두고 하는 두 번째 문장이 같은 느낌을 주고 있다는 생각이 드는가? 저 말은 우리 사회에서 매우 흔하게 사용되는 표현이다.

부모가 말하는 모자란 아이지만 잘 좀 봐달라는 표현은 당신에 대해 두 가지 사실을 전제하고 있다.

> **첫째** 당신은 모자라다.
>
> **둘째** 누군가 당신을 잘 봐줘야 한다.

첫 번째는 굳이 설명이 필요하지 않을 만큼 기분이 나쁜 의미다. 못남 놈이란 소리에 부연설명까지 필요하지 않으니까. 약간의 설명이 필요한 것은 두 번째의 '누군가 당신을 잘 봐줘야 한다.'는 것이다.

누군가 당신을 잘 봐줘야 한다는 사실의 무서움이 와 닿지 않는다면 저 문장을 누군가 당신을 잘 '봐주지 않으면' 안 된다고 살짝 바꾸어 보자. 당신은 타인의 긍정적 평가가 없으면 안 된다. 큰일 난다. 아주 안 좋은 일을 겪게 될 것이다.

당신이 실제로 어떤 사람이건 상관없다. 당신의 본질이 어떻건 간에 무조건적으로 당신은 타인이 긍정적으로 평가해주어야만 안심할 수 있다. 물론 당신의 본질은 모자란 놈이다. 자기 부모조차 그렇게 말하고 있지 않은가? 이 논리구조가 어린 시절에 쌓이고 쌓이면 어떤 일이 일어날 것 같은가? 당연히 좋지 않은 일이 일어난다.

이쯤에서 이런 생각이 들 수 있다. '그래도 우리 엄마나 아빠는 나한테 직접적으로 내가 모자라고 남한테 잘 보여야 한다고 말하진 않았어.'라는 생각을 할 수도 있다. 그러나 그것은 아무런 위안이 되지 않는다.

최면술 기법 중에 간접 암시 또는 간접 제안이라고 하는 것이 있다. 상대방을 직접 최면 상태에 빠지게 하는 것이 아니라 간접적인 방법으로 상대를 최면 상태에 집어넣고 원하는 메시지를 마음에 주입하는 것이다.

우리의 마음은 간접적인 메시지에도 무의식적으로 아주 강력하게 반응한다.

직접적인 암시

너는 모자라니 다른 사람에게 잘 보여야만 한다.

간접적인 암시

모자란 놈이지만 잘 부탁드리고 잘 봐주셨으면 해요.

직접적으로 표현하지 않는다고 해도 그 안에 내포된 내용은 똑같다. 어떻게 말을 해도 마음은 영향을 받는다.

우리나라에서는 자신(자신의 아이)을 낮추는 것을 미덕이라고 하지만 그렇지 않다. 그런 말들이 쌓여 스스로 모자란 놈이라고 생각하게 하고 타인의 평가를 구걸하게 만들기 때문이다. 하지만 실제로는 어린 시절부터 당신은 이런 류의 메시지를 내면화해왔을 가능성이 크고 그것은 당신의 일부로, 신념과 가치관을 이루는 부분이 되어 당신의 모든 행동에 영향을 미치고 있을 가능성이 높다.

사회화의 가장 첫 단계이자 가장 강력한 교육은 가정교육이다. 물론 당신의 부모가 모든 면에서 가정교육을 잘못했다라고 말할 생각은 추호도 없지만 스스로를 결함이 있다고 여기게 만들며 타인의 좋은 평가를 갈구하게 만드는 가치관이 올바른 것처럼 어린 시절부터 주입하는 것은 교육보다는 아주 질이 나쁜 세뇌에 가깝다는 것이다.

　부모에 의하여 어린 시절부터 자신은 부족하고 모자라고 하자가 있으며 그것을 보완하기 위해서 타인의 평가와 호감을 구걸해서라도 얻어야 한다는 세뇌가 당신을 불안하게 만든다.

자신을
드러내는 법

　자신을 드러내는 상황이 있다. 이럴 때는 자신감이 필요하다. 자신감은 어떤 원리로 만들어질까? 자신감을 만드는 요소들은 무엇일까? 자신감이 낮은 사람들은 왜 자신감이 낮고 높은 사람들은 왜 높을까? 또 어떻게 하면 실제적, 구체적으로 높은 자신감을 갖고 살아갈 수 있을까?

　어디서도 다룬 적이 없는 이야기를 해보려고 한다. 자신감이라는 것은 무엇일까? 자신감을 굳이 풀어보자면 스스로를 믿는 마음이다. 스스로의 무엇을 믿는 마음일까?

나는 자신감 대신 '자기 효능감'이란 단어를 좋아한다. 자기 효능감은 스스로 뭔가를 해낼 수 있다는 믿음이나 느낌 같은 것을 말한다. 자신감에 대해 자세하게 이야기를 하기 전에 먼저 인간의 마음에 대해 알아야 할 필요가 있다. 인간의 행동은 프로세스로 구성되어 있다. 이를 '인지 행동 프로세스'라고 부를 수 있다. 어떤 외부의 사건이 있으면 우리는 나름의 생각 모델을 가지고 해석을 한다. 그 해석은 우리한테서 어떤 감정 상태를 불러일으키고 그에 따라 행동을 하도록 만든다.

발표를 해야 하는 상황을 생각해보자.

외부 사건 **5분 뒤에 발표를 해야 한다.**

상황 해석

1 '이제 곧 내 차례야. 죽을 것 같아. 또 실패하면 어떡하지?'

2 '빨리 내 차례 왔으면 좋겠다! 진짜 이 이야기를 하면 그 사람의 인생이 바뀌게 될 텐데.'

각자가 해석하는 감정 상태가 모두 다를 것이다. 누군가는 굉장히 겁을 먹고, 다른 누군가는 기대와 설렘을 느낄 수 있다. 감정은 행동을 불러일으킨다. 겁을 먹은 사람은 두려워하는 행동을 하고, 기대하며 설레고 흥분되는 감정은 그에 맞는 행동을 하게 될 것이다. 이제 그 행동은 외부의 청중들한테 영향을 미치게 된다.

그래서 어떻게 생각하고 어떤 감정 상태를 가시며 어떤 행동을 하느냐에 따라 외부의 사건에 영향을 준다. 그 외부의 사건이 또 다른 누군가에 의해 해석되며 인지 행동 프로세스가 계속 반복된다.

인지 행동 프로세스는 외부의 사건, 생각의 해석, 감정을 느낌, 행동으로 나타남 이렇게 네 가지 요소로 구성되어 있다. 한 가지만 빼고 세 가지, 우리의 생각과 감정 상태, 행동은 내면에서 작동한다. 자신감이라고 하는 것은 우리가 어떤 과제를 할 때 자신의 능력에 대한 긍정적인 생각, 감정 상태, 행동을 말한다.

우리의 행동은 외부 세상과 직접적으로 커뮤니케이션을 하는 수단이다. 또 감정과도 밀접한 관련을 맺고 있다. 어떤 행동을 하느냐에 따라 나와 상대방이 어떠한 감정이나 인상을 느끼느냐가 결정이 되기 때문이다.

종종 동물 훈련 전문가들에게 말을 안 듣는 강아지에 대한 상담이 들어온다.

"우리 개가 말을 안 들어요. 사람을 향해서 너무 짖는데 하지 말라고 해도 말을 안 들어요."

실제로 개 주인이 어떻게 행동하는지 전문가가 가서 보면 이런 식으로 행동한다. 개가 짖으면 'No!' 라고 단호하게 하는 게 아니라 '야, 하지마. 짖지마. 짖지마.' 라고 소심하게 말한다고 한다. 이런 행동들은 자신감이 없어 보이는 행동이며 곧 자신감을 떨어트리는 행동이다. 그런 주인의 말을 들은 개는 더 불안해져 더 짖게 되는 것이다.

먼저 우리가 불안함을 느끼거나 자신감이 없거나 긴장이 되는 상황에서는 몸의 급소가 많은 중심을 지키려고 한다. 손이 방어적으로 움직이고 어깨가 위로 올라온다. 갑자기 놀라면 방어 자세로 어깨가 올라오는 자세를 취하는 것처럼 말이다. 그리고 몸의 정면에 힘이 들어간다.

그러면 어깨와 허리가 구부정하게 앞으로 구부러진다. 불안함을 자주 느끼는 사람들은 허리를 곧게 편 곧은 자세를 잘 취하지 않는다.

그리고 지시라든가 커뮤니케이션이 잘 되지 않으며 행동과 말이 일치하지 않는다. '안 돼.'라고 말은 하지만 몸은 '어? 나 큰일 났다. 나 이러면 안 되는데.' 하는 자세를 취하고 있는 것이다. 반대로 '안 돼!'라고 단호하게 말하고 몸으로도 같은 표현을 하고 있으면 상대에게 명확하게 메시지를 전달할 수 있다. 말과 행동이 일치하지 않으면 집중하기 어려워지고 결국 메시지가 분산된다.

만성적으로 자신감이 부족하다고 말하는 사람들의 특징이 있다. 예를 들어 누가 내 프라이버시를 침해하는 행동을 했을 때 '그러면 안 돼.' 하고 말하는 게 아니라 소심하게 '이러시면 안 되지 않나요?'라고 말을 한다. 자신감은 말과 행동 사이에 연관이 있기 때문에 자신감이 없는 행동을 보일수록 자신감이 없어지고, 자신감 있는 행동을 할수록 자신감 있는 사람이 되기 쉽다. 자신감을 결정짓는 중요한 요소는 우리의 행동이다.

자신감을
낮추고
높이는 것들

　자신감을 만드는 인지행동 프로세스 중에서 생각 모델에 대해 이야기해 보자. 우리가 생각하는 것, 의식적인 것이 아닌 무의식적으로 믿고 있는 것은 무엇일까? 무의식적인 가치가 생각의 모델인 신념을 결정한다.

　신념에 따라서 우리가 자신감을 갖거나 갖지 못하도록 정해진다. 심리학자인 앨버트 반두라 Albert Bandura 는 자기 효능감이라는 개념을 만들었다. 자기 효능감은 어떤 과제에 대해서 '스스로 얼마나 잘 할 수 있는가'를 평가하는 것을 말한다. 이것이 우리의 신념이 되고 자기 효능감에 관한 신념은 자신감을 결정한다. 잘할 수 있다고 믿는다면 자기 효능감은 높아지고 반대의 경우는 낮은 자기 효능감을 가지게 된다. 이 자기 효능감이라는 것은 보통 어린 시절에 학습한다.

첫 번째는 사회적인 영향력에 의한 학습이다. 어떤 실수를 했을 때 '야, 너 그것도 못하냐? 머리가 나쁘냐?'는 반응이 사회적 영향력이다. 사회적 영향력을 받아들여 머리가 나쁘다는 것을 학습하게 된다. 어릴 때는 이런 사회적 영향력을 신념으로 받아들일 가능성이 굉장히 높다. 그러면 당연히 낮은 자기 효능감과 자신감을 가지게 된다.

반대로 '너는 할 수 있어. 너는 능력이 있어.'라는 말을 들어왔다면 높은 자신감과 자기 효능감을 가지게 된다.

두 번째는 직접적인 경험이다. 좌절이나 성공을 얼마나 경험했는지에 달려 있다. 좌절을 많이 경험할수록 학습된 무기력에 빠지게 된다.

예를 들어보자. 개 두 마리를 우리 A와 B에 각각 넣는다. 이제 우리에 전기 충격을 주면 개는 아픔을 느낀다. 이제 우리 안에 스위치를 넣어준다. 전기 충격을 줄이기 위해 여러 행동을 하던 개는 스위치를 눌러본다. 우리 A는 전기 충격이 꺼지지만 우리 B는 개가 아무리 스위치를 눌러도 꺼지지 않는다.

두 마리의 개를 우리에서 꺼내 다른 우리 A´와 B´에 집어넣는다. 이 우리는 뛰어넘을 수 있는 낮은 울타리가 중간에 있다. 그리고 다시 A´와 B´에 있는 개한테 전기 충격을 준다. 우리 A´에 있는 개는 전기 충격을 피하는 행동을 하다 울타리를 뛰어넘는다. 그러면 전기 충격이 멈춘다. 우리 B´도 울타리를 넘으면 전기 충격이 멈추지만 그 안에 있는 개는 가만히 전기 충격을 받고 있다. 우리 B에서 스위치를 눌러도 아무런 소용이 없었던 것을 이미 학습했기 때문이다.

우리 B에 있던 개는 '나는 무능하다.', '무력하다.', '할 수 있는 게 없다.'는 것을 학습했다. 인간의 정신도 이와 유사하게 작동을 한다. 그래서 실패와 좌절의 경험이 몇 번이 이어지면 인간의 마음도 쉽게 학습된 무기력에 빠질 수 있다. 직접적으로 겪은 실패와 좌절의 경험이 무기력하고 무능하며 할 수 있는 게 없다고 생각하게 만든다. 그래서 낮은 자기 효능감을 갖게 하고 낮은 자신감을 습관적으로 갖게 된다.

이제 우리의 감정 습관에 대해 다뤄보자. 최면에는 앵커링이라고 하는 단어가 있다. 우리가 어떤 상황이나 대상에 대해 감정을 연합해서 학습하는 것이다.

우리가 어떤 물건이나 사람을 볼 때마다 특정한 감정 상태로 자동적으로 이끌리는 경우들이 있을 것이다. 예를 들어 어떤 사람이 '고물 아니야? 낡았잖아.'라고 반응할 만한 물건이 있다. 하지만 나에게는 추억이 담겨있어 그 물건을 보면 아련하고 애틋한 감정이 든다. 이것을 앵커링 Anchoring 이라고 한다.

작은 것일지라도 감정이 연결될 수 있다. 가장 설명하기 쉬운 예시는 공포증이다. 공포증은 어떤 것에 연결되어 있는 습관이기 때문이다.

뇌가 자극에 대해 공포라는 감정 상태를 연결한 것을 학습했기 때문에 나중에는 특정 사물만 봐도 저절로 공포라는 상태를 불러일으키는 패턴이 만들어진다.

어떤 자극과 감정 상태가 동시에 부여되는 상황이 반복이 되면 비슷한 상황에만 놓여도 감정이 반응하게 된다. 특정 상황에서 자신감 없는 행동을 하고 자신감 없는 감정 상태를 느끼는 것이 반복되면 나중에는 그럴 이유가 없음에도 그 상황에서는 저절로 자신 없는 상태가 된다.

반대로 어떤 상황에서 자신감에 가득 차 있는 상태가 반복되면 자동적으로 뇌가 그 상황에서 자신감 있는 상태가 되도록 패턴을 만든다. 감정의 습관과 패턴이 바로 우리의 자신감을 만들고 없애는 요소인 것이다.

자신감
회복하기

　지금까지 자신감을 만드는 요소에 대해서 이야기했다. 인지 행동 프로세스를 이루는 신념과 감정, 행동을 우리는 학습할 수 있다. 우리가 어떤 행동을 하느냐가 그대로 자신감에 영향을 주기 때문이다. 우리가 어렸을 때부터 학습해온 여러 가지 경험과 사회적 영향력에 의해서 자기 효능감 또는 자기에 대한 신념을 만든다. 그것이 자신감으로 이어진다.

　자신감에 영향을 미치는 요소를 알게 되었으니 그 요소들을 훨씬 뛰어나게 만드는 법을 알아보자.

행동 요소에 대해서 먼저 살펴보면 자신감 없는 행동은 대부분이 닫힌 자세를 취한다. 그리고 집중하지 못하고 주위가 분산되어 있다. 또 과하게 긴장해서 표현하고자 하는 것을 애매하게 전달한다.

하나씩 하나씩 자신감 있는 행동으로 고쳐나가면서 그것을 습관화하는 것이 자신감을 얻는 가장 효과적인 방법이다.

1 열린 자세를 취한다

우리가 몸을 연다고 생각을 하면 저절로 몸이 바로 선다. 제일 먼저 열린 자세를 연습하는 것이 좋다. 이게 가장 쉬운 방법이다. 내가 언제 닫힌 자세가 되는지를 생각해보고 그 상황에서 억지로라도 열린 자세를 몇 분 동안 유지한다.

2 몸의 힘을 뺀다

열린 자세인 상태에서 어깨와 목에 힘을 빼는 연습을 해보자. 몸에 가득한 쓸데없는 힘을 뺀다. 그러면 자신의 상황을 컨트롤 할 수 있게 되거나 컨트롤 할 수 없어도 이 상황이 크게 해를 미치지 못한다는 것을 이해할 수 있게 된다.

3 자그마한 성공 경험을 쌓는다

학습된 무기력은 많은 경우 사소하고 작은 실패 경험들이 쌓여 만들어진다. 우리 마음은 꼭 커다란 성공에만 반응하지 않는다. 자그마한 것을 성공하게 되면 성공하는 패턴을 알게 되고 할 수 있다는 신념을 가지기가 쉬워진다.

우리가 평상시에 하던 일 중에서 더 하면 성공할 수 있는 그런 목표를 세운다. 나와의 게임을 하고 하나씩 클리어하며 성취감을 높인다.

4 긍정적인 영향을 주는 집단을 만든다

예를 들어 공부를 한다면 스터디 모임을 만든다. 잘했을 때마다 칭찬해 줄 수 있는 지지집단을 만드는 것이다. 또는 주위에서 내가 사소한 실수를 할 때마다 나를 깎아내리는 사람을 없애버린다. 내가 성공했을 때, 가능성을 보였을 때 그것을 칭찬해주고 인정해 줄 수 있는 사람들과 함께 있는 것이 중요하다.

자신감이 없는 상태에서도 자신감 있게 행동하는 연습을 계속하자. 꾸준히 자신감을 불러일으키는 행동을 하게 되면 없던 자신감도 생겨날 것이다. 행동을 스스로 선택하면 결과는 달라진다.

어디서나 인정받는
착한 갑이 되는 기술

03
CHAPTER

설득은
연결이다

얼마 전에 책을 한 권 샀다. 강남에서 약속이 있어 강남의 대형 서점에서 기다리다가 자극적인 띠지의 문구가 눈에 들어왔다. 목차를 보고 괜찮다는 생각이 들었던 책이 있었다. 바로 미팅이 있어 내용은 못 보았지만 집에 온 후에도 목차의 내용이 계속 떠올라서 다시 서점에 가서 그 책을 샀다.

그날 밤 11시쯤 사무실에서 책을 읽기 시작한 나는 새벽 3시가 되어서야 퇴근을 했다. 책이 너무 재밌어서 앉은 자리에서 다 읽어버렸기 때문이다. 책을 중간쯤 읽었을 때 차 한 잔을 내려

오랜만에 기분 좋게 책을 읽었다.

재미있는 책을 읽으며 나는 행복했고 그래서 우리가 사는 세상의 행복도가 약간은 올라갔다.

사무실 근처에 닭 칼국수집이 하나 생겼는데 나는 칼국수를 좋아하지 않는다. 멀건 국물에 길죽한 밀가루 반죽을 삶은 음식이 맛있는지 잘 모르겠다. 어느 날 닭 칼국수 집 앞을 지나가는데 커다랗게 '닭곰탕'이라고 쓰여 있는 것을 보았다. 사진에는 큼지막한 닭이 들어있었고 가격은 8천 원이었다.

닭곰탕에는 닭 반 마리가 통째로 들어있었다. 서울 번화가 한 가운데에서 맛보는 음식으로 가격과 맛이 아주 훌륭했다. 그 다음부터는 사람들과 밥을 먹을 때 같이 닭곰탕을 먹으러 갔다. 닭곰탕 한 그릇으로 나와 내 동료들은 행복했고 우리가 사는 지역의 행복도가 올라갔을 것이다.

앞의 두 사례는 내가 '설득' 당한 사례이다. 그리고 설득을 당한 덕분에 행복해졌다. 우리의 삶은 우리의 의사결정에 의해서 결정된다. 좋은 의사결정은 삶을 행복하게 만들고, 반대의 결정은 삶을 불행하게 만든다. 설득이란 타인의 의사결정에 영향을 미치는 것이다. 설득으로 상대방의 삶을 행복하게 만들거나 불행하게 만들 수 있다. 긍정적인 설득은 나인의 삶을 훨씬 좋게 만든다.

세계 최고의 기업가 중 하나라고 칭송받는 일론 머스크Elon Musk는 인터뷰에서 이런 말을 한 적이 있다.

"사람들은 기술의 진보가 저절로 이루어진다고 생각한다. 실제로는 그렇지 않다. 기술의 진보는 많은 사람들이 정말로 열심히 일해야만 일어난다. 만약 그렇지 않다면 기술은 오히려 퇴보한다."

일론 머스크는 기술의 진보에 대해 이야기했지만 나는 이것이 우리가 사는 세상에 적용할 수 있는 진실이라고 생각한다. 사람들이 더 나은 의사결정을 하도록 설득하지 않으면 무작위로 의사결정을 하게 되고 사람들의 삶은 좋아지지 않을 것이라고 생각한다.

누군가가 좋은 상품, 아이디어, 노하우를 떠올리거나 만들었다. 그렇다고 해서 사람들이 저절로 행복해지거나 세상이 좋아지지 않는다. '좋은 것들'을 선택할 수 있게 적극적으로 사람들을 설득해야 한다.

설득이란 가치 있는 것을 필요로 하는 사람에게 연결시키는 작업이다. 사람들이 좀 더 나은 의사결정을 하도록 돕고 또 행복하게 만들어준다. 그래서 설득은 본질적으로 타인을 행복하게 만들고, 세상을 나은 곳으로 만드는 행위이다.

세상에는 물론 이기적이고 부정적인 의도로 설득의 기술을 사용하는 사람들이 있다. 의도가 어떻든 간에 설득의 구조와 원리, 기법은 비슷하다.

의도와 가치에 상관없이 설득 기법과 원리가 비슷하다는 것이 설득이 좋지 않은 이미지를 가지게 된 것 같다. 효과적인 설득을 위해서는 상대방의 감정을 이용해야 하고 좋은 관계를 맺어야 하며 비판적인 사고를 우회시켜야 한다.

설득의 방법을 알게 되면 좋은 점은 나에게 부정적 의도로 설득을 가하는 사람의 게임을 간파할 수 있다는 것이다. 이것은 긍정적인 설득을 당하는 것만큼이나 인생을 행복하게 만드는데 있어서 중요한 일이다. 부정적인 설득을 간파하고 거부하는 것이다. 사기범죄는 그야말로 부정적 설득의 결과물이고 여러 사람의 인생을 파괴하는 끔찍한 일이다. 만약 피해자들이 설득의 기법을 체계적으로 배웠다면 100퍼센트는 아니더라도 많은 수가 그러한 피해를 보지 않았을 것이다.

설득을 배우면 '긍정적 영향력으로 타인과 자신을 행복하게 만드는 것', '부정적 영향력으로부터 자신과 주변 사람을 보호하는 것'을 동시에 할 수 있게 된다. 문제는 우리나라 사람들 중 99퍼센트가 설득의 기법과 원리를 제대로 교육받은 적이 없다는 것이다. 우리나라에서 설득은 국가에서 제공하는 교육과정이라기보다는 자신과 주변 사람의 행복을 위해서 주도적으로 배워야 하는 기술인 것이 우리의 현실이다.

30대 이후에도
가난한 사람들의
문제

알리바바의 회장 마윈이 한 인터뷰에서 이런 말을 했다.

"30~40대까지 이룬 게 없다면 누구의 탓도 할 수 없다. 당신 책임이다."

이 말은 살짝 와전되어서 우리나라의 여러 뉴스에서 다음과 같이 알려지기도 했다.

"35세까지 가난하다면 당신 잘못이다."

30대가 되어서도 가난한 사람이 많은데 무엇이 문제일까? 마윈에 따르자면 자기 책임이라고 하는데, 정확히 무엇을 하지 않은 책임일까?

돈을 벌고 있는 데도 가난한 20대, 30대가 넘어서도 가난한 사람, 가진 재산이 있었지만 재산을 날려 30대 이후 가난해진 사람들의 공통점이 있었다. 이들은 자신을 위해 효과적으로 상대를 설득하는 '협상 능력'이 매우 떨어진다는 것이었다.

열심히 성실하게 일을 했다. 인성이 나쁘거나 일을 하는 능력이 무척 떨어지는 것이 아니었다. 하지만 그런 것과 상관없이 사회는 이들을 알아주지 않았고 금전적으로 별다른 성취를 얻지 못한 채 삶을 보냈다.

복잡계를 연구하는 과학자이자 《성공의 공식 포뮬러》(2019)란 책을 쓴 앨버트 바라바시Albert Barabasi 박사는 이러한 현실에 대해서 매우 독특하고 유용한 통찰을 제시한다. 어떠한 과제를 수행하는 능력과 그에 따른 결과인 '성취'는 많은 돈을 벌거나 명성을 얻는 '사회적 성공'과는 다르다고 말한다. 사회적 성공은 상호작용의 결과이기에 일을 얼마나 잘하는지에 비례하지 않다는 것이다.

특히 일의 성과를 정확하게 측정할 수 없는 분야에서 두드러지게 나타난다. 그런데 일의 성과를 정확하고 오류 없이 측정할 수 없는 분야라는 게 몇 개나 되겠는가. 돈을 버는 것은 사회적 인정에 따른 결과이고 결국 자신이 낼 수 있는 성과를 바탕으로 얼마나 사회적 상호작용에 능하였느냐가 사회적 인정을 위하여 핵심이 되는 것이다.

그럼 이러한 사회적 상호작용과 설득의 기술이 모자란 사람들은 무엇이 문제일까? 쉽게 이야기할 수 있는 것은 기술의 부족이다. 이들은 어떤 식으로 말해야 사람을 사로잡을 수 있는지, 원하는 바를 이룰 수 있는지 잘 모른다. 하지만 이것보다 더 심각한 문제가 존재한다. 바로 관점의 문제이다.

퀴즈를 하나 풀어보자. 당신은 가게의 주인이고 손님이 드릴을 사러왔다. 당신이 손님에게 팔아야 하는 것은 무엇일까? 많은 사람들이 '드릴'이라고 하겠지만 틀렸다.

정답은 '구멍'이다. 드릴은 구멍을 뚫는 도구이고, 손님은 구멍을 뚫을 필요가 있어 드릴을 사러왔다. 협상과 설득에 능한 사람들은 이 드릴과 구멍의 논리를 아주 잘 이해하고 있다.

반대로 협상과 설득 능력이 떨어지는 사람일수록 자신이 가진 드릴이 얼마나 좋은 것인지에 집중한다. 그리고 손해를 최대한 피하려고 하며 지극히 자기중심적 태도를 보인다.

언젠가 한 남성이 상담을 요청한 적이 있다. 그는 자신의 사정을 이야기하고 어떻게 하면 부모님을 설득할 수 있을지 조언을 부탁했다.

"저는 꿈이 있어요. 유학을 다녀오고 창업을 하고 싶은데 그러려면 5천만 원 정도의 자금이 필요해요. 부모님께 지원을 요청했는데 거절당했어요. 제 생각에 부모님은 그만한 돈을 지원해주실 능력이 있거든요. 어떻게 하면 부모님을 설득할 수 있을까요?"

"부모님을 뭐라고 설득하셨어요?"

"부모님과 한 4년 떨어져 살면서 제 생활은 제가 책임졌어요. 거기다 저는 누나에 비해서 사랑을 못 받았는데 그 정도 돈을 해줄 수 있는 거 아니냐고요."

"그러면 혼자 살면서 돈을 모아본 적이 있나요?"

"그럼요. 4년 동안 혼자 살면서 2천 5백만 원을 모았어요. 그 돈으로 차를 샀죠."

"생각해볼까요? 2천 5백만 원을 모으는데 4년의 노동이 필요했어요. 5천만 원을 모으는 데는 8년이 걸리겠죠. 당신이 달라고 하는 돈은 가치로 치면 부모님이 8년의 노동을 해주는 것과 같아요. 당신에겐 좋은 일이죠. 그럼 부모님에겐 어떤 좋은 점이 있나요? 무슨 이득이 있기에 8년을 당신을 위해서 버려야 하나요?"

"부모님 입장에서는 아들이 잘 되니까 좋은 거죠. 자랑스럽지 않을까요? 주변에 이야기할 수도 있고요."

이때부터 그의 목소리는 묘하게 자신감이 없어지기 시작했다. 스스로도 깨달은 것이다. 그 돈을 받고 자신이 반드시 성공할 것이라는 보장도 없고 아들자랑을 하기 위해서 그 큰돈을 준다는 것도 이상하다는 것을 말이다.

이 예시는 부모와 자식 간에 있었던 이야기다. 다르게 보면 투자자와 투자를 받으려는 사람의 이야기이기도 하다. 취업을 하기 위해서 면접을 보러간 구직자와 면접관 사이에서도 예시처럼 구직자가 드릴에 대해서만 이야기를 하는 경우가 많다. 면접관이 묻는 것은 언제나 '굳이 내가 왜 당신을 뽑아야 하는가?'이다. 이때 자기중심적인 태도로 임하는 구직자는 면접에서 떨어진다. 아무도 관심 없을 자기의 사적인 스토리를 이야기하거나 자신의 간절함, 내가 뽑히면 나에게 좋은 이유 등을 이야기하다가 말이다.

반대로 구멍에 집중하면 안 될 면접도 되기 마련이다. 나의 학생 중 하나가 면접에서 연전연패하다가 코칭을 받으러 온 적이 있었다.

"다른 것은 다 괜찮은데 모르거나 잘하지 못하는 것에 대한 질문이 나오면 움츠려 들어서 면접을 다 망쳐요."
"무슨 포지션으로 지원을 했고 그 직무에는 무슨 능력이 필요하며 당신은 그것을 얼마나 잘하는지 정리해서 말해 보세요."

그는 프로그래머였으므로 내가 알지 못하는 암호 같은 전문 용어를 늘어놓았다. 그의 말을 정리하면 자신이 지원한 업무를 위해서 자신은 업계평균보다 뛰어난 능력을 가지고 있다는 이야기였다.

"지금 말한 거 기억하시고 면접관이 못하는 거 말하면 인정하세요. 모르는 거 물어보면 인정하고 지금 말한 거 다시 말하세요."

그리고 며칠 뒤 놀라운 소식을 들었다. 그가 면접에서 합격했을 뿐 아니라 회사 측에서 기존에 제시한 연봉보다 높은 급여를 줄 테니 다른 곳에 가지 말고 우리와 일하자고 제안을 한 것이다. 그야말로 대성공이었다.

당신이 모르는 것이 있든 그 일을 위해 많은 노력을 했든 그런 것과 상관없이 협상과 설득에서 중요한 것은 상대가 무엇을 받느냐이다. 여기서부터 이야기를 시작하면 설득은 정말 쉬워진다. 그리고 설득이 쉬워진다는 것은 당신의 연봉과 인간관계가 앞으로 굉장히 좋아진다는 것을 의미한다.

사회적 통념은
당신을 불행하게 만든다

대머리 독수리란 말을 들어본 적이 있는가? 이 단어는 흔히 쓰이지만 잘못 사용되는 단어이다. 독수리에서 '독'은 머리가 빠진 것을 의미한다. 풀어서 설명하면 '대머리 독수리'는 '내머리 대머리수리인 것이다. 하지만 사람들은 남들이 쓰기 때문에 당연하다고 생각하면서 대머리 독수리라는 말을 쓴다.

사람들이 많이 한다고 해서 옳은 것은 아니다. 영어권에서 흔히들 컨벤셔널 위즈덤 Conventional Wisdom 이라는 단어를 사용한다. 직역하면 '관습적인 지혜'일 것이다. 우리에게 익숙한 말로는 살짝 뉘앙스가 다르지만 사회적 통념에 가까울 것이다.

우리의 삶을 불행하게 만드는 방법 중 하나는 컨벤셔널 위즈덤을 맹목적으로 따르는 것이다.

얼마 전에 코칭을 할 때 있었던 일이다. 대학입시에 고민이 있던 클라이언트는 나에게 이런 식으로 말했다.

"선생님 저는 좋은 대학을 못가면 인생이 망할 것 같아서 두려워요. 그 불안이 오히려 공부를 못하게 만들어요."

"대학 못가면 인생 망한다고 누가 그래요?"

"사회적으로도 그렇고 부모님도 그리고 친구들도 그러고요."

다시 말하면 남들이 그런다. 대체적으로 그렇다는 의미였다.

"잘 살려면 대학을 잘 가야한다. 대학을 못가면 인생이 망가진다. 그런 대중적으로 받아들여지는 통념을 컨벤셔널 위즈덤이라고 하거든요. 이런 컨벤셔널 위즈덤의 문제가 뭔지 아세요? 컨벤셔널 위즈덤의 문제는 아주 일부분만 사실이고 그 조언을 만들고 받아들이는 사람들이 딱히 대단하게 잘난 것이 없다는 거예요. 다만 다수의 공감을 얻을 수 있게 알기 쉬울 뿐이죠. 관습적 통념에 빠지면 세상을 제대로 못 봐요. 제가 데이터를 가지고 말씀드릴게요. 지금 4년제 대학 졸업한 실업자 수가 43만 명이예요. 대학을 잘 가도 자기 밥벌이를 못하는 사람이 43만 명이란 말이죠. 그리고 취업한 사람도 그렇게 행복하지 않아요. 다들 잘 나가는 척하려고 애쓰지만 아침에 지하철역 가서 사람들 표정 한 번 보세요. 통계적으로 우리나라 청·장년 75퍼센트가 불행하다고 합니다.

관습적 지혜, 통념에선 잘 살고 싶으면 대학 잘 가야 되고, 대학 못가면 못 산다고 하지만 그건 사실과 다릅니다. 대학을 잘 가든 못 가든 불행한 삶이 우리나라 청년들을 기다리고 있습니다. 통계적으로 그렇습니다. 그 사람들이 왜 그 꼴이 되었는가? 관습적 지혜를 맹목적으로 받아들여서 그래요. 관습적 지혜는 사람을 행복으로 이끌지 않아요. 다만 최악의 상황에 빠지지 않게 할 뿐이에요."

"그럼 저는 그냥 답이 없는 걸까요?"

"아뇨, 답은 언제나 있습니다. 없는 것처럼 보여도 우리는 결국 답을 찾을 겁니다. 무조건 대중적 지혜를 관습적으로 따르는 것보다 행복해질 수 있습니다. 왜냐하면 세상 사람의 80퍼센트보다 더 나은 내적지도와 지침을 가지고 살 것이기 때문이에요."

첫째 원하는 것이 무엇인지 명확히 정의한다.

둘째 그것과 관련해서 대중적 지혜가 아니라 근거 있는 데이터들을 수집한다.

셋째 나름의 방침을 정한다.

예를 들어 대학에 가려는 이유가 남들도 가기 때문에 간다는 것은 올바른 답이 아니다. 왜라는 질문에 대답하기 힘들면 '난 어떻게 살고 싶은가?'에 답을 해보자.

"저는 멋있게 살고 싶어요. 돈을 많이 벌고 싶어요. 돈 많이 벌면서 멋있게 사는 게 가장 중요한 거 같습니다."

"그럼 그것을 위해서 지금 가려는 대학에 가는 것, 계속 해 왔던 방식으로 입시를 치르는 것이 어떻게 도움이 되나요? 어떤 데이터와 근거가 있나요?"

"어, 사실 일단 대학 가자라는 식으로 생각하고 있었어요. 지금 보니까 제가 진짜 아무 생각 없이 살았네요."

"괜찮습니다. 대부분 그렇습니다. 그래서 많은 사람들이 불행하죠.

첫 번째로 우리가 해야 할 건 데이터를 모아서 지침을 만드는 거예요.

내가 원하는 돈을 많이 벌고 멋있게 사는 것을 구체적으로 그려 보세요. 그리고 그것을 위해서 대학을 어떻게 가는 게 도움이 되는지에 대한 데이터를 모아서 자신만의 지침을 만들어보세요.

두 번째로 대학을 못 갔을 경우를 생각해보면 됩니다.

입시는 현실이라 시험을 못 보면 원하던 대학에 갈 수 없으니까요. 그런 상황에 대비해 대학이라는 지점을 거치지 않고 어떻게 내가 원하는 목적지로 갈 수 있는지 조사해보고 플랜 B를 만들어 보세요."

"선생님, 말씀하신대로 사람들이 시켜서 하고 못가면 망한다는 애매한 말이 아니라 제가 조사해서 전략을 짜봤어요. 그러니까 훨씬 공부하기 편하고 불안하지도 않습니다. 대학 못 간다고 인생이 망하진 않더라고요. 지금은 집중도 잘되고 마음 한구석이 편합니다. 뭐 안 되면 플랜 B로 간다. 이렇게 생각하고 있어요."

관습적이고 대중적인 지혜는 사실 지혜가 아니다. 그저 하나의 통념, 근거는 없지만 알기 쉬운 생각에 불과하다.

나는 취미로 헬스장에 다니는데 운동을 하러 가면 헬스장에 퍼져있는 관습적 지혜에 따라서 자해를 하고 있는 사람들이 많다. 초심자는 무조건 이 운동을 해야 한다거나 어떤 운동을 할 때는 저런 자세로 해야 한다는 조언이 많이 퍼져있다. 하지만 이런 조언들은 사실상 사람마다 다른 신체적 상태를 고려하지 않고 있다. 그저 알기 쉽고 설명하기 쉽기 때문에 할 수 있는 이야기다. 정확하지 않은 운동 지식으로 운동한다면 장기적으로 몸을 건강하게 만드는 게 아니라 파괴한다.

당연하게 생각해온 관습적인 지혜가 당신의 삶을 파괴하고 있지는 않은지 살펴보아야 한다. 그리고 자신의 삶을 구체적으로 생각하고 그에 맞는 지침을 가지고 있을 때 더이상 사회 관습적인 지혜에 흔들리지 않을 수 있다.

설득의
기술

　한 번은 재능이 많은 영화감독을 코칭한 적이 있었다. 영화의 후반작업을 크라우드 펀딩을 통해 받을 수 있도록 이야기를 해야 했다. 그녀의 이야기를 들어보자.

　"안녕하세요. 단편영화의 감독 ○○○입니다. 영화의 후반작업 펀딩을 위해서 이 자리에 이렇게 오게 되었는데요. 여러분 한 분 한 분의 펀딩이 제게는 큰 도움이 됩니다. 하지만 그냥 여러분들의 도움을 받을 수가 없겠죠.

이 영화가 무슨 영화인지 여러분들께 간단하게 소개를 해드리려고 합니다. 어느 깊은 밤 깊은 산 속에 영화 촬영장이 있었습니다. 그곳에는 영화 스태프 예미가 일을 하고 있었습니다. 예미는 갑자기 가짜 피를 구해오라는 미션을 받게 됩니다.

일단 시키니까 구하러 가긴 가는데 깊은 산 속에 뭐가 있겠습니까. 그런데 가다 보니까 어떤 마을이 나타납니다. 그 마을에서 친절한 주민들을 만나고 그 분들의 도움을 받아서 가짜 피를 가지게 될 것이라 생각합니다. 하지만 주민들이 갑자기 두 패로 나뉘어서 각자 피를 만들고 자신들의 피 중에 뭐가 더 진짜 피 같은지 고르라고 합니다.

근데 예미는 비밀이 하나 있는데요. 빨간색을 보지 못하는 색맹이라는 것입니다. 과연 예미는 어떤 선택을 하게 될까 궁금하지 않으세요? 궁금하시면 후반 작업을 마무리할 수 있도록 도와주시면 감사하겠습니다."

당신이라면 이 이야기를 듣고 영화에 투자를 했을까? 나라면 하지 않았을 것 같다. 펀딩에 왜 참여해야 하는지 이유를 찾을 수 없었다. 이것은 자신이 만든 영화가 얼마나 가치 있는지만 이야기하는데 집중한 결과다.

"뭐가 문제일까요?"

"(유리컵을 들며) 이 컵 5만원 주고 사실래요? 안 사실거죠? 이거랑 같아요. 뭐가 문젠지를 보는 게 의미 없는 수준입니다. '지금 이 설명 듣고 그 영화 보고 싶을까?' 생각해보세요. 내 영화란 생각을 빼고요. 나야 당연히 봤으면 좋겠죠."

"잘 모르겠어요. 제가 지금 객관화가 잘 안 되는 것 같아요."

"크라우드 펀딩을 하는 우리가 이 영화에 대해서 무엇을 기대해야 하죠?

"말 그대로 주인공이 이런 딜레마에서 어떤 선택을 할지…."

빨간색을 보지 못하는 색맹인 주인공이 두 개의 가짜 피 중 더 좋은 것을 선택해야 하는 상황에 놓인다. 하지만 이 이야기에는 크라우드 펀딩을 해야 하는 이유가 담겨있지 않다. 투자자들에게 열심히 좋은 점을 설명하지만 경험을 위해 돈을 지불해야 하는 투자자에게 전혀 어필하지 못하고 있는 것이다.

"예를 들어서 주연이 정말 예쁜 배우인데 얘가 뭐가 가짜인지 못 맞출 때마다 옷을 하나씩 벗는다. 그러면 차라리 직관적이에요. 취향이 조금 싸구려긴 하지만 어쨌든 '어 그래, 내가 돈을 내면 예쁜 배우의 옷이 하나씩 벗겨지는 걸 볼 수 있겠네.' 하는 기대가 있잖아요."

"아, 선택에 대한 대가를 보여줘야 하는 군요."

"우리는 지금 영화를 사라고 하는 거잖아요. 우리가 진짜로 파는 건 뭘까요? 영화 길이가 얼마나 돼요?"

"25분이요."

"그럼 내가 그 25분과 내 하드 드라이브 용량을 투자하고 심지어 내 피 같은 돈, 치킨 한 마리 반(3만원)을 투자해서 그걸 사야 되는 이유가 뭐냐는 겁니다. 이걸 통해 사람들이 얻게 될 것은 뭐냐는 거죠."

먼저 한 설명에서 투자자들에게 제시하고 있는 것은 어떤 사람이 영화 스태프이고 색맹이다. 가짜 피 구하러 마을에 갔더니 사람들이 두 패로 나뉘었다. 그다음에 "어떤 게 더 잘 만들었어요?"라는 물음에 선택해야 하는 딜레마에 빠져 있다는 것이다. 돈을 내고 이 영상을 선택할지 아니면 치킨과 맥주를 고를지 물어보면 거의 대부분의 사람들이 치킨과 맥주를 선택할 것이다. 투자를 받으려면 얻는 것이 있어야 하는데 영화의 내용이 어떤 것인지 아무리 어필을 한다고 해도 듣는 사람에게 와 닿지 않으면 의미가 없다.

"이거 사실 제작할 때도 되게 힘들었어요. 저의 의도를 영화 관계자들이 다 이해를 못 해서요."

"그럼 본인은 이해하고 있나요? 이걸 보고 무엇을 체험해야 하고, 느껴야 하는지 같은 것을요."

"네. 이게 이야기도 이야긴데 화면 내내 계속 주인공 시선으로 빨간색이 다 빠진 화면을 보게 되거든요. 그래서 갈수록 그 색깔이 막 돌아요. 미디어 아트처럼 감각적으로 얘기하는 게 많은 영화예요. 낯선 감각의 체험이 중요한 거죠."

자본 논리에서 살짝 벗어나 일을 하는 사람들이 이해 못하는 것이 있다. 그 사람들은 자기의 작품 자체가 너무 고귀하다고 생각한다. 하지만 일반 대중에게는 그렇지 않다. 일반 대중에게는 영화가 얼마나 대단한지 보다는 영화를 봐야할 이유가 더 중요하다.

그런데 그것을 이해하지 못하기 때문에 '어떤 카메라를 썼고 조도가 어떻고 빨간색 필터를 뺐다.' 같은 영화의 내용만을 강조하는 이야기를 하게 되는 것이다. 그래서 영화가 어떤지 보다 얼을 수 있는 게 무엇인지에 집중해 설명해야 한다.

"그럼 예미 이야기에서 관객들이 느낄 수 있는 것은 무엇이죠?"

"색다른 불편함이요. 실제로 이 영상을 틀어본 적이 있어요. 상영관에서 사람들이 평소와는 완전히 다른 시각적 체험을 하게 되고, 기존에 보던 방식과 다르게 보게 되니까 불쾌함을 느끼시는 분들도 계셨고 새로움을 느낀 분도 계셨거든요. 어떤 메시지나 교훈이 아니라 체험 그 자체가 이 영화의 목적인 거죠. 익숙한 색감을 박탈당했다는 상황에서 사람들이 느낄 수 있는 이질감이 있는 거잖아요."

"좋아요. 그럼 거기에 포인트를 두고 글을 다시 만들어 보죠."

10분이 지나 다시 글을 작성해 읽어보았다.

"저는 단편영화 '○○'의 영화감독입니다. 몇 년 전에 인터넷상에서 굉장히 화제가 된 사건이 하나 있었는데요. 한 드레스를 놓고 드레스가 파란색과 검은색으로 보이는지 아니면 하얀색과 금색으로 보이는지에 대해 전 세계적으로 열띤 토론이 이어졌었죠.

드레스 색깔이 뭐라고 말이예요. 하지만 사람들은 서로의 감각에 차이가 있다는 것을 굉장히 놀라워했죠. 결국에 드레스의 색은 파란색과 검정색으로 판명났지만 사람들은 그 사건을 오래도록 잊지 못했어요.

저는 그러한 감각의 차이에서 이 영화를 기획하게 되었습니다. 이 영화의 주인공은 빨간색을 보지 못하는 색맹인데요. 그래서 영화는 처음부터 빨간색이 전부 배제된 채로 영화를 보게 됩니다. 뿐만 아니라 영화가 진행이 되며 주인공의 심경 변화가 일어나면 전체적인 색깔이 굉장히 기괴하게 변화가 됩니다. 이 영화를 통해서 여러분이 평소라면 절대 겪어보지 못한 새로운 감각, 새로운 세상을 보게 될 것입니다.

1차 후반작업 후 극장에서 영화를 상영한 적이 있었습니다. 영화가 끝난 후 관객의 반응이 양극단으로 나뉘었어요. 어떤 분은 굉장히 불쾌해 하시면서 이거는 영화가 아니다. 완벽한 실패작이라고 하셨습니다. 어떤 분은 아직 완성이 안 된 영화임에도 불구하고 소장을 하고 싶다고 하셨던 고마운 분도 계셨죠.

그래서 저는 여러분이 이 영화를 봤을 때 어떤 느낌을, 어떤 감각을 갖게 되실지 굉장히 궁금합니다. 그러기 위해서는 여러분들의 도움이 필요합니다. 궁금하지 않으신가요? 여러분들이 겪게 될 새로운 감각이 어떤 것일지 말이죠. 감사합니다."

"아주 좋아요. 공감을 이끌어낼 수 있고 저도 이야기를 들으며 드레스 논란을 떠올리게 되었어요. 잠재적 관객들은 자신이 어떤 체험을 할지 또 같이 본 사람들이랑 어떻게 감각의 차이를 느낄 수 있을지 기대할 수 있겠죠."

나는 기존에 제시하던 자기중심적 메시지를 청자중심적 메시지로 바꾸라고 조언했다. 그러자 상대방의 공감을 살 수 있는 스토리를 추가하는 탁월함을 보여주었다. 판매해야 하는 것이 아니라 더 기본적인 필요를 어필할 것. 상대를 설득하기 위한 기본이자 핵심이다.

당신의
생각을
시각화하라

그럼 이제 청자 중심으로 당신의 아이디어를 구조화하기 위한 도구들과 개념을 알아보자. 먼저 아이디어의 시각화이다.

아이디어를 시각화하는 것은 당신의 설득력에 엄청난 상승 효과를 가져온다. 시각화란 무엇일까? 사전에서는 자료나 정보를 시각적으로 표현하는 것이라고 설명한다. 그래서 시각화는 '언어정보, 비시각적에 시각적 사고의 여지를 불어넣는 것'이라고 정의한다.

예를 들어 '러시안 블루, 고양이, 호랑이, 사족 보행 동물이라는 것들이 세상에 존재한다.'라는 문장이 있다. 이와 같은 단어들을 언어적으로 늘어놓는 것은 단순한 언어적 정보다. 시각화된 정보는 저 문장의 구성요소들에 시각적 사고의 여지를 부여하는 것이다. 예를 들면 다음과 같다.

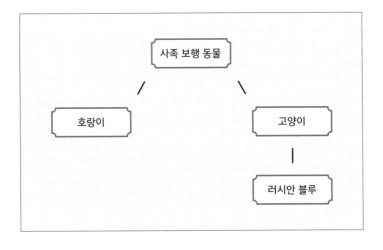

문장에 사용된 단어가 선과 위치라는 요소에 의해서 수직적 위계를 가지게 된다. 이러한 시각적 구조는 사족 보행 동물 안에 고양이와 호랑이가 들어간다는 사고의 맥락을 제공한다.

이런 식으로 언어적 정보, 비시각적 정보에 시각적 사고의 여지를 주는 것이 시각화라고 할 수 있다. 그럼 왜 설득을 잘하기 위해서, 효과적으로 나의 메시지를 전달하기 위해서 사고의 시각화를 연습하는 것일까? 그것을 이해하기 위해서 시각화의 여러 장점들을 살펴볼 필요가 있다.

대표적으로 세 가지를 살펴보려고 하는데 가장 먼저 이야기할 수 있는 것은 '이해의 직관성'이다. 세상에는 러시안 블루, 호랑이, 고양이, 사족 보행 동물이라고 하는 것이 존재한다. 사족 보행 동물이 가장 상위에 존재하는 개념이며 그 하위에 고양이와 호랑이가 있다. 또한 고양이에는 여러 종이 있고 그 중에 하나가 러시안 블루라는 언어적 정보의 나열에 비해서 앞의 그림은 비교적 직관적이고 빠르게 그 관계를 이해할 수 있게 된다.

두 번째 장점은 '아이디어를 구조화'하기 쉽다는 것이다. 예를 들어서 이 글을 쓰면서 나는 내가 사용할 아이디어들을 피라미드 형태로 구조화한 이미지로 만들고, 그에 따라서 글을 쓰고 있다. 이미지화하면 다음과 같다.

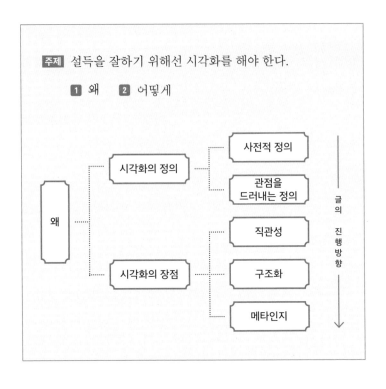

이렇게 구조화된 피라미드 형태의 아이디어들은 전체 메시지와 그를 위한 하위 주제들, 하위 주제들을 풍성하게 해주는 소주제들의 삼층 구조로 되어있다. 그러면 정리된 생각을 가지고 일관된 내용을 전달하기가 쉬워진다. 머릿속으로 이런 글을 써야겠다고 생각하는 것보다 시각적 형태를 가지고 구조화하면 훨씬 더 쉽게 글에 사용될 아이디어들을 정리할 수 있다.

구조화된 아이디어는 시각적 이미지의 형태로 표현할 수 있지만 글이나 말의 형태로 보여줄 수도 있다. 시각적으로 구조화된 아이디어를 언어적으로 표현하는 것과 아무런 구조 없이 곧바로 머릿속에서 떠오른 생각을 언어화하는 것은 매우 다르다는 것이 중요하다. 전자는 명확하고 효과적으로 전달할 수 있는 반면 후자는 상대가 대체 무슨 소리를 하고 싶은 건지 바로 이해하기 어려울 수 있다.

세 번째 장점은 '알아차림'이다. 지금 무슨 생각을 하고 있는지에 대해서 정확히 아는 것이다. 시각적으로 구조화된 아이디어는 한 눈에 어디가 비어있는지, 어느 부분이 약한 지 알 수 있다. 지금까지 시각적 구조화의 정의와 장점을 이야기했다면 그 이미지에서 나타나는 단점은 없는지 한 눈에 알아차릴 수 있다.

단점을 상대에게 말할지 말지 선택하는 것은 다른 문제이다. 그것에 대해서 생각해보지 않고 아이디어를 정리해보지 않으면 설득에 있어서 치명적인 실수를 저지르는 것이다. 타인을 설득하려다가 실패하는 경험을 반복적으로 하는 사람들의 특징은 자신의 주장에 부합하는 근거에 대해서만 신경 쓴다는 것이다.

세상은 그리 만만치 않다. 놀랍게도 나와 당신을 제외한 다른 사람들도 생각을 할 수 있는 능력이 있다. 당신이 생각지 못한 이유로 당신의 설득이 실패로 돌아가는 경험을 해본 적이 있을 수 있다. 자신의 제안에 허점이 있음을 발견하는 '알아차림'을 하지 못했을 때 빈번하게 일어나는 경험일 것이다. 하지만 시각화의 힘을 더하면 한 눈에 당신의 제안을 바라볼 수 있고 어디에 허점이 있는지 파악하기가 매우 쉬워진다.

시각화를 해야 할 이유에 대해서 알아보았다. 이번에는 시각화를 잘 하는 방법에 대해서도 이야기해보자. 앞서 제시한 그림을 보았다면 어떻게 시각화를 잘하는지에 대해 이야기가 흘러갈 것이라고 생각할 수 있게 된다. 당신이 글을 쓰고 말을 하는 과정에서도 물 흐르듯 다음에 해야 하는 말을 안다면 좋지 않을까?

생각을 시각화하는 도구로 도식화와 은유를 들 수 있다. 도식화는 이미 틀이 있는 생각의 도구들이다. 대표적인 예로 글의 진행방향을 피라미드 형태로 표현하는 '피라미드 모델'이 있다. 또 학창시절에 배웠을 밴 다이어그램이나 사분면으로 이루어진 도표를 예로 들 수 있다.

도식화의 핵심은 당신의 제안에 적합한 틀을 찾아내는 것이다. 예를 들어서 이 글을 쓰기 위해서 사분면으로 이루어진 도표를 사용하는 것보다는 피라미드 모델을 사용하는 것이 적절했다. 하지만 글을 잘 쓰는 사람과 말을 잘하는 사람을 비교하는 글을 쓴다고 해보자. 글을 쓰는 능력과 말을 잘 하는 능력에 대한 두 가지 축을 가지고 글을 썼다면 피라미드 모델과는 다른 틀이 더 적합했을 것이다. 또 네 가지 유형의 사람을 설명해야 했다면 당연히 사분면으로 이루어진 도표로 내 생각을 정리해보았을 것이다.

당신이 주로 해야 하는 말과 글에 따라서 유용한 시각화 틀을 두세 가지 정도 머릿속에 넣어두는 것은 매우 유용하다. 당신의 생각 도구상자에서 가장 잘 쓰이는 세 가지 도구를 준비해두는 것이 맨손으로 일을 하러 다니는 것보다 낫다는 것은 말 할 필요가 없을 것이다.

그 다음은 은유다. 은유는 '메타포'라고도 하는데 'A는 B다.'라고 표현하는 언어적 기교라고 할 수 있다. 나는 앞에서 생각의 틀을 준비하는 것을 당신의 생각 도구상자에서 가장 자주 쓰이는 도구라고 하였다. 은유는 틀과는 다르게 생생하게 와 닿는 이미지를 만들어준다.

인간은 무언가를 이해할 때 신체적인 수준에서 이해하는 것을 선호한다. 우리가 관용적으로 사용하는 언어들을 관찰하면 그러한 경향을 살펴볼 수 있다. 두 가지 문장을 보자.

- 우울증이 나를 덮쳐왔다.
- 중증의 우울증이 있다.

위의 문장이 아래의 문장보다 훨씬 이해하기 쉬울 것이다.

당신이 제시하고자 하는 개념과 아이디어를 은유화해서 시각적 이미지로 바꾸는 것이 좋다. 설득하려는 대상에게 직관적이고 쉽게 말의 요지를 전달하는 데 아주 도움이 된다.

이렇게 두 가지 시각화의 도구를 살펴보았다. 설득은 나의 아이디어를 얼마나 효과적으로 제시하느냐의 싸움이다. 말하는 방식도 중요하지만 말할 거리를 제대로 준비하지 못한다면 의미가 없다.

만약 당신이 궁수라면 화살을 꼼꼼하게 관리할 것이다. 화살의 상태가 엉망이고 관리가 안 되어 있으면 활을 얼마나 잘 쏘는지와 관계없이 당신의 목표에 화살을 꽂아 넣을 수 없다. 당신의 화살촉을 날카롭게 다듬는 것, 그것이 바로 시각화를 해야 하는 이유이다.

설득을 위한
삼층집 짓기

효과적으로 말을 못 하는 사람들의 문제는 '자신감이 없다.',
'말을 할 때 부드럽게 못 한다.', '목소리가 조금 이상하다.'와는
거리가 있다. 그 이전에 아이디어를 머릿속에서 구조화를 못 하
는 사람들이 굉장히 많다.

아이디어를 구조화한다는 건 말하고 싶은 A가 있으면 A와
관련된 아이디어를 적절한 체계를 가지고 머릿속에 정리를 해
놓는 것이다. 말은 사실상 내 안에 있는 것을 상대에게 꺼내서

주는 것이다. 먼저 생각이 정리되어 있지 않으면 그 생각이 효과
적이지 않기 때문에 아무리 자신감 있게 말해도 와닿지 않는 것
이다. 구조화에 쓰이는 공식인 삼층 구조를 만들어보자.

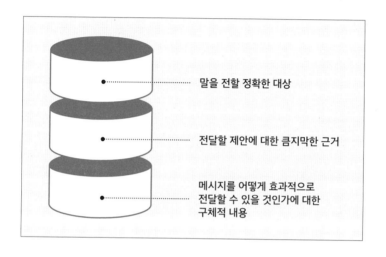

삼층 구조에서 첫 번째 맨 위의 칸은 우리가 '무슨 말을 누구
한테 하고 싶은가'에 해당된다.

예를 들어 다이어트를 하고 있는 사람에게 '하루 30분 이상
걸어야 된다.'는 말을 한다. 하지만 이 말을 백수와 하루에 자유
시간이 2시간 밖에 없는 직장인에게 말하는 것은 상당한 차이가
있다.

우리가 아이디어를 구조화하기 위해서 지금 말을 하고 있는 대상이 누구인지 이해해야 한다. 그리고 그 사람한테 무슨 말을 하고 싶은가를 제대로 정하는 것이 중요하다. 정확한 대상과 해야 할 말이 정해져 있지 않으면 피라미드의 아래쪽을 채우기가 굉장히 힘들어진다.

여기서 해서는 안 되는 실수가 있다. 30분 다이어트에 대한 이야기를 준비하면서 '30분 동안 걸으면 30년이 더 젊어집니다.' 이런 문구를 하나 떠올렸다. 어떤 사람들은 떠오른 생각에 집착해 생각해놓은 문구를 중심으로 아이디어를 구성하려고 한다. 문구 하나에 집중해서 누구에게 무슨 메시지를 전할 것인가를 놓치는 경우가 있다.

이런 상황에서는 전체적인 아이디어를 충분히 효과적으로 전달을 할 수가 없다. 그래서 누구한테 무슨 말을 할 것인가를 확실히 해야 한다. 유튜브를 하든 투자를 받든 면접을 보든 불특정 다수한테 말하는 경우는 별로 없기 때문이다.

"제가 유튜브를 하는데 망했어요. 뭐가 문제일까요?"
"혹시 불특정 다수를 향해서 말하려고 하지는 않았나요?"

"영상을 누가 볼지 모르잖아요."

유튜브뿐만 아니라 우리가 말을 할 때 '지금 이 말은 누구를 위한 겁니다.' 하고 공개적으로 밝히지 않아도 된다. 하지만 말을 하는 사람의 머릿속에는 있어야 한다. 그래야 효과적인 설득과 제안, 말을 할 수가 있고 상대에게 와 닿는 말을 할 수가 있다. 그렇지 않다면 우리가 할 수 있는 건 '사람을 죽여선 안 된다.'와 같은 누구에게나 전달할 수 있지만 와 닿지 않는 말 뿐이다.

두 번째 층은 전달할 제안에 대한 큼지막한 근거들이다. 예를 들어 '하루에 물 2L 이상 마셔야 된다.'는 말을 전달하고자 한다. 왜? 살이 빠지고 피부가 좋아지며 건강을 유지시켜 준다는 세 가지 근거를 들 수 있다.

효과적인 말을 하기 위해서는 기본적으로 듣는 사람에게 의미가 있는 것을 이야기할 필요가 있다. '듣는 사람에게 의미 있는 문제'와 '내가 제시하는 것의 장점'이 겹쳐지는 점들이 있을 것이다. 예를 들어 저체중에 골다공증이 있는 70대 할머니가 있다. 그 할머니에게 물을 마시면 살이 빠진다는 근거를 대며 이야기를 한다면 설득이 될까?

물 2리터 마시는 것의 장점과 듣는 사람이 가지고 있는 문제 사이의 포인트가 겹칠 수 있는 지점을 만들어주어야 한다. 유튜브를 하는 사람에게 물을 많이 마셔야 한다는 말을 전하면 어떻게 될까?

"유튜브에서 영상으로 사람 얼굴을 보면 가장 먼저 눈에 들어오는 게 뭔지 아세요? 눈이랑 입이랑 전체적인 피부 톤이 들어오거든요. 혹시 그런 적 있으세요? 이 사람 피부 좀 별론데라고 느낀 적이요. 그런 점이 보이기 시작하면 사실상 조회 수가 떨어지기 시작해요. 아무도 그런 걸 보고 싶어 하지 않으니까요."

피부가 중요하다는 포인트와 물 2리터가 줄 수 있는 메리트가 공유되는 지점을 만들었다. 그럼 유튜브를 하는 사람에게는 전달하고자 하는 말이 의미가 있게 된다. 이처럼 전달하고자 하는 사람에게 의미 있는 것을 전하는 것이 중요하다.

세 번째 층에서는 메시지를 어떻게 효과적으로 전달할 수 있을 것인가에 대한 구체적 내용을 담는다. '유튜브로 보자마자 피부 톤이 좋지 않아 그 사람에게 호감이 안 간다고 느낀 분이 계신가요?' 하고 물었다. 이 구체적인 문장과 언어적 전략이 세 번째 층의 핵심이다.

공감을 이끌어낼 수 있는 질문을 통해 이야기를 시작한다고 하더라도 결국에는 한 마디, 한 마디를 더할 때마다 점점 더 구체적인 메시지를 담아야 한다. 이를 잘하기 위해서는 누구한테 무엇을 말할까부터 시작한다. 그 다음에는 하나의 메시지를 잘 전하기 위해서 상대에게 왜 이게 효과적인지를 설명한다. 그런 다음 메시지를 효과적으로 설명할 수 있는 구체적인 문장을 준비하면 된다.

이 구조는 스피치의 길이와는 상관이 없다. 짧은 시간 안에 전해야 한다면 포인트를 짧게 핵심만 설명하고, 시간이 넉넉하다면 여러 개 탄탄한 근거를 가지고 이야기할 수 있게 될 것이다.

탁월한
커뮤니케이터
되기

커뮤니케이션이 잘 안되는 데에는 여러 가지 원인이 있다.

첫 번째 체크 항목으로 목표와 의도의 부재를 확인해보라고 하고 싶다. 커뮤니케이션을 통하여 무엇을 하고 싶은가? 무엇을 위해 커뮤니케이션을 하고 상대방의 마음을 어떻게 바꾸어주고 싶은가?

목표가 없을 경우에는 커뮤니케이션을 하는데 애로사항을 겪을 수 있다. 당신을 하나의 배라고 생각해보자. 배에는 방향을 조절하는 사람이 있는가 하면 노를 젓는 사람, 식량을 관리하는 사람, 지도를 읽는 사람이 있을 것이다.

당신이라고 하는 배가 어디로 가야할지 모르거나 배의 각 기관이 목적지를 다르게 알고 있다면 어떤 일이 일어날 것인가? 분명 안 좋은 일이 일어난다. 사공이 많으면 배가 산으로 가게 된다. 사공은 여럿이고 목적지도 제각각이고 하나의 집중된 목표가 없으면 이리저리 왔다갔다 이러지도 저러지도 못하고 있다가 결국엔 산으로 가는 것이다. 하지만 사공이 많아도 목표가 뚜렷하면 산으로 가지 않는다.

의식적인 마음은 배의 선장이고 무의식적으로 작동하는 감정이나 습관, 잡념, 자동적 사고들은 넘치도록 많은 사공이다. 배가 목적지를 정하지 않으면 사공들이 원하는 대로 가게 된다. 또 선장이 어떤 지시를 내린다고 해도 많은 사공들의 각기 다른 목적지를 충족시키기 위해서 이도저도 아닌 애매한 시간을 보내게 된다. 그리고 외부의 자극들은 계속해서 배의 사공들을 자극해 당신이란 배를 산으로 가게 만든다.

당신에겐 목적지가 필요하다. 무언가가 잘 안되면 우선 나의 목표와 의도를 점검해봐야 한다. 의도는 몸과 마음의 상태를 바꾼다. 커뮤니케이션은 몸과 마음을 다해서 상대방의 마음에 영향을 미치는 프로세스이다. 내 마음은 몸에 영향을 미치고 내 몸이 말하는 신호는 상대의 몸과 마음에 영향력을 미친다. 그리고 상대는 나의 신호에 반응한다. 내가 보내는 신호가 애매하면 그것은 애매한 결과로 나타난다.

의도와 목표에 따라서 내 몸과 마음은 적절한 상태를 찾는다. 내가 취하는 제스쳐가 달라지고 목소리의 톤이 달라지고 눈빛이 변하게 된다. 당신의 의도와 목표는 당신의 감정과 행동, 신체반응, 생각에 영향을 미친다. 예를 들어 면접을 보러 간다고 했을 때 '떨지 말아야지, 실수하지 말아야지.' 같은 생각을 하는 사람이 있다. 그리고 면접에서 나의 이런 장점을 보여야겠다고 생각하는 사람은 똑같이 긴장을 해도 그 질이 매우 다르다. 올바른 의도가 올바른 심신의 반응을 만든다.

커뮤니케이션에서도 같다. 상대방에게 이러한 것을 전달하겠다는 명확한 의도를 가지고 있을 때 상대방도 모르게 잠재의식에 영향을 미치는 신호의 질이 차이가 나게 된다.

두 번째는 민감성이다. 커뮤니케이션은 혼자 하는 게 아니다. 당연한 이야기지만 설득에는 설득당하는 사람이 필요하다. 일반적인 관계에서도 서로 신호를 주고받는 것이지 한 사람이 일방적으로 신호를 주지 않는다. 설득의 기술을 이해할 때 중요한 것은 커뮤니케이터가 상대에게 주는 것은 제안과 신호, 정보이지 결코 마법 주문이 아니다.

커뮤니케이터가 가져야 되는 자질 중 하나는 의사소통 과정에서 상대방에게 민감하게 주의를 기울여야 한다. 만약 상대가 어떤지 전혀 모르는 상태에서 나 혼자 내 할 일을 한다고 하면 그것은 커뮤니케이션이라기 보단 그냥 '운에 맞긴 주문 외우기'와 다를 바가 없기 때문이다.

당신은 어떤 사람이 기분이 좋거나 나쁠 때 그 차이를 느낄 수 있을까? 상대의 마음은 몸으로 나타난다. 그 사람의 마음을 직접 들여다보는 것은 아니지만 그 사람이 외부적으로 나타내는 신호를 보고 그 사람의 심중을 짐작할 수는 있게 된다. 평상시에 타인과 커뮤니케이션 할 때 상대방을 보면 꽤 많은 정보를 얻을 수 있다.

민감성을 기르기 위해서는 상대방을 관찰해야 한다. 여러 가지 심리 상태에 영향을 잘 받는 포인트를 다루어 보고 참고해 보자.

가장 먼저 얼굴은 심리상태가 매우 크게 반영되는 곳이다. 얼굴을 가리면 그 사람의 심리상태에 대해 굉장히 제한적인 정보만을 얻을 수 있게 된다. 다시 말해서 그 사람의 얼굴이 그 사람의 심리상태에 대해서 굉장히 많은 것을 말해준다.

하지만 상대방의 신호에 주의를 두는 것만으로 충분하다. 의외로 사람들은 자기가 대화하고 있는 사람에게 주의를 두지 않는다. 그렇기에 먼저 상대방에게 주의를 두는 것이 첫걸음이다. 인간은 상대방이 어떤 생각을 하는지, 어떤 마음을 가지는지 겉모습만 보고 어느 정도 알아채고 공감할 수 있는 능력을 가지고 있다. 그리고 그 능력을 발동시키는 방아쇠가 바로 상대방에게 주의를 두는 것이다. 어떠한 전략을 가지고 보지 않더라도 그저 상대방에게 집중하는 것만으로 이전과 확연하게 다른 무언가를 느낄 수 있으리라.

커뮤니케이션을 할 때 상대방에게 초점을 두어야 한다. '무슨 말을 해야 하지? 내 말을 들어주지 않으면 어떡하지?' 같은 생각에 주의를 두고 있으면 당연히 상대방의 상태를 민감하게 파악하지 못한다. 그러면 커뮤니케이션이 당연히 잘 이루어지지 않는다.

세상만사는 내 맘대로 안 된다. 커뮤니케이터로서 의사소통을 하다보면 예상치 못한 불의의 사태에 마주치는 경우가 많다. 사실 안 마주치는 경우는 거의 없다. 이런 예상치 못한 상황에서 커뮤니케이터의 자질이 빛을 발한다. 어떻게 대처하고 목표를 달성할 것인가, 다른 말로는 '유연성'이라고 할 수 있겠다.

유연하게 상황을 헤쳐나가기 위해서는 도구상자의 중요성을 깨달아야 한다. 가전제품을 수리할 때의 목표는 망가진 가전제품이 정상적으로 작동하도록 만드는 것이다. 예를 들어 당신의 도구상자에 테이프만 달랑 들어 있다면 가전제품을 잘 고칠 수 있을까? 만약 도구상자에 테이프와 드라이버가 들어 있다면 아마 고칠 수 있는 물건과 문제들의 폭이 좀 넓어질 것이다. 거기에 더해서 망치나 스패너나 펜치라도 들어있으면 당연히 당신이 다룰 수 있는 상황의 폭이 훨씬 넓어질 것이다.

커뮤니케이터도 똑같다. 어떤 상태와 소통해야 할지 모르지만 당신이 하나의 테크닉, 하나의 아이디어만을 가지고 있다고 할 때 그 상대방과 당신의 테크닉이 맞지 않으면 그 사람과 할 수 있는 게 거의 없을 것이다. 그렇기에 커뮤니케이터로서 당신의 도구상자에 여러 가지 기법과 모델을 가지고 있는 것은 굉장히 도움이 된다.

하지만 도구상자를 채우는 것에 급급하여 어떻게 써야하고, 응용하며 어떤 상황에서 써야하는지 모르고 있다면 가지고 있는 의미가 없다. 적절한 상황에서 사용할 수 있으려면 유연성이 필요하다.

유연성을 기르기 위해 잊어서는 안 되는 것이 있다. 그것은 당신의 목적과 유연성은 양립 가능한 것이고, 양립해야 한다는 것이다. 유연성을 기르는 것은 어디까지나 목적을 좀 더 효과적으로 달성하기 위함이다. 목적을 잃고 그냥 여러 가지 체험을 해보기 위함이 아니다.

이 목적성과 유연성을 양립시키기 위해 필요한 자질이 바로 민감성이다. 유연하게 여러 가지 도구를 적용하면서 내가 목적하는 바를 향해 다가가고 있는지를 알아차릴 수 있는 민감성이 필요하다. 목적을 유지한 채로 여러 가지 폭넓은 도구를 적용하며 활동을 할 수 있게 만드는 요소이다.

커뮤니케이션에 있어서 꼭 한 가지 스타일의 말하기 방식에 집착할 필요는 없다. 여러 가지 말과 말하는 방식을 두루두루 익혀두는 것이 커뮤니케이터로서 자신의 목적을 쉽게 달성할 수 있는 하나의 방법이 된다. 계속 커뮤니케이션을 하다보면 점점 자신의 목적에 어떠한 도구들이 적합한지를 알 수 있게 될 것이다.

하지만 거기서 머물게 되면 진정한 의미의 유연성을 얻을 수 없다. 적합하다고 생각하는 것은 어디까지나 경험했던 수준에서의 판단이다. 유연성을 늘리기 위해서는 알지 못하는 것들을 접하는 것에 두려움을 가지지 않는 것이 커뮤니케이터로서 도구상자를 늘리는 하나의 팁이다.

착함의 배신

어린 딸이 가지고 놀고 싶은 인형이 있다. 아이의 엄마는 그 인형을 딸 대신 다른 아이에게 준다. 딸은 그것을 보고 실망하고 울음을 터트린다. 그러자 어머니가 딸에게 와서 이런 말을 한다.

"우리 딸, 친구한테 양보해야지? 착하지?"

이 상황에서는 울지 않고 인형에 대한 소유권을 주장하지 않는 것이 '착함'이다.

과연 이 상황에서 말하는 '착함'이 진짜 착한 것인지 한 번 생각해볼 필요가 있다. 이런 상황에서 착하다는 말을 사용하기 때문에 '착하게 살면 손해 본다.', '착하게 굴면 바보다.' 같은 안타까운 말이 생겨났다. 어린 시절부터 자신의 것을 빼앗겨도 항의하지 않고 침묵하는 것을 착함이라고 여긴 아이는 커서도 그러한 착함의 기준을 자신에게 적용하며 착한 사람으로 있으려고 한다. 우리는 누구나 좋은 사람, 착한 사람이 되고 싶어 한다. 문제는 착한 사람의 기준이다.

이런 질문을 받은 적이 있었다.

"선생님 저는 다른 사람이 싫은 소리해도 아무 말도 안하고 모든 사람에게 친절하려고 합니다. 그리고 제가 손해를 봐도 웃으면서 넘어갑니다. 거절도 못하고요. 착한 사람이죠. 그런데 세상은 저한테 너무 불공평합니다. 착하지 않은 사람이 더 잘 사는 것 같아요. 착한 사람이 손해 본다는 게 진짜 같이 느껴집니다. 저는 착한 사람이 되고 싶어요. 그런데 착하니까 사람들이 만만하게 보고 손해도 더 많이 보는 것 같습니다. 어떻게 해야 할까요?"

"당신은 착한 게 아니라 연약한 것이고 관계를 구걸하는 거지입니다. 당신은 어쩔 수 없이 다른 사람의 요청을 들어주는 것이지 당신이 적극적으로 선택하는 게 아닙니다. 당신은 착한 게 아니라 관계를 위해서 착한 척을 하는 거예요."

이런 내용을 담은 유튜브 영상은 약 100만 명의 사람이 시청하였고, 무수히 많은 사람이 공감과 호감을 표했다. 연약한 관계에서 자신의 영역을 주장할 수 없는 사람이 '착한 사람'이 되는 것은 안타까운 일이다. 이 기준에서 사람은 착하지만 손해 보는 사람이 되거나 자기주장을 하지만 착하지 않은 사람이 되는 것 중 하나를 택해야 하기 때문이다. 궁극적으로 이길 수 없는 게임의 구조이다. 이 구조에서 탈출해야 손해 보지 않고 착한 사람이 되는 방법이다.

이를 위해서는 왜곡된 착함의 기준을 새롭게 할 필요가 있다. 왜곡된 착함이란 '자기주장 없음＝착함'이라고 보는 것이다. 그것은 착한 것이 아니라 '어리숙'한 것이다. 어리숙함과 착함을 구분해야 한다.

이 두 가지를 구분하기 쉽도록 영단어 'Nice'를 예를 들어보자. Nice는 착하다는 의미지만 그 어원은 '아는 게 없음'을 뜻하는 라틴어 'Nescius'에서 왔다. 중세영어에서는 Nice는 '멍청한'이란 의미를 가지고 있었다. 당시로 보면 나이스 가이는 '멍청한 놈' 정도가 된다. 시간이 흐르면서 'Nice'가 착하다라는 뜻으로 변한 것이다.

어원의 발달을 보면 어린아이가 어리숙하고 자신의 권리와 영역에 무지한 행동을 할 때 착하다고 칭찬해주는 것과 겹쳐 보인다. 그러면 저런 '어리숙한 착함' 대신에 제시하고 싶은 착함의 기준은 무엇인가? 그것은 '유능하고 도움이 되는 사람'이다. 착한 사람이 아니라 남에게 도움이 되는 사람을 새로운 좋은 사람의 기준으로 받아들여보기를 권한다.

무지하고 연약한 착함이 아니라 자신과 타인에게 도움이 되고 적극적으로 도우려는 의지가 있는 착함을 택하면 만만해 보이지 않고 착한 사람이 될 수 있다. 타인을 도울 수 있다는 것은 문제에 맞서 무언가를 적극적으로 행할 수 있는 인간이란 뜻이다. 그리고 적극적인 인간은 강력한 힘을 가지고 있다. 그것이 육체적이든 정신적이든 윤리적이든 유능해야만 자신과 타인을 도울 수 있다.

타인이 자신의 영역을 침범해도 아무런 의사 표현을 안 하는 어리숙함이 아닌 자신의 영역을 지키고 타인을 도울 수 있는 사람이 되는 것이 당신이 가져야 할 새로운 착함의 기준이다. 이러한 착함의 기준에는 하나의 단점이 있다. 그것은 착한 사람이 되기가 약간 어려워진다는 것이다. 어리숙한 착함은 아무것도 안 하고 숨만 죽이고 있으면 되지만 새로운 기준의 착함은 무언가를 해야 한다. 하지만 이 과정에서 당신은 이전과 비교되지 않을 정도의 보람과 자부심을 느끼고, 아무도 당신을 만만하게 보지 않게 될 것이다. 어리숙하고 자기주장 못하는 사람이 착한 사람이라는 생각을 버리자.

여섯 가지
설득의 원칙

　로버트 치알디니Robert Cialdini가 밝혀낸 바에 의하면 뛰어난
설득가는 여섯 가지 원칙을 이용하여 사람을 설득한다고 한다.
바로 '권위, 사회적 증거, 호감, 일치성, 희귀성, 호혜성'이다. 이
여섯 가지 원칙을 이해하고 적절하게 사용할 수 있다면 당신의
설득력은 매우 빠르게 성장할 것이다. 여섯 가지 설득 원칙을 한
문장으로 정리해보자.

> **권위** 믿을 만한 전문가가 말했으므로 당신은 A를 해야 한다.
>
> **호감** 당신은 이것 또는 나를 좋아하기에 A를 해야 한다
>
> **일치성** 당신은 여태까지 그래왔기에 A를 해야 한다.
>
> **희귀성** 이것을 할 수 있는 기회는 매우 귀하기에 당신은 A를 해야 한다.
>
> **호혜성** 내가 당신을 도왔기 때문에 당신도 나를 도와 A를 해야 한다.
>
> **사회적 증거** 사람들이 이미 A를 많이 하고 있기에 당신도 A를 해야 한다.

당신은 회사원이다. 당신이 기획서를 작성했고 당신의 상사가 그것에 동의하면 매우 큰 보상을 얻을 수 있는 상황이다. 그러면 어떻게 상사를 설득할 수 있을까?

여섯 가지 설득의 원칙 중 여기에 적용할 수 있는 게 무엇이 있는지 생각해보는 것이다. 이 상황에는 권위의 원칙과 사회적 증거의 원칙을 사용한다고 해보자. 진행하는 기획을 뒷받침 해줄 권위 있는 전문가의 연구 자료를 찾아본다. 또 비슷한 상황에 처해있는 회사들이 내가 제시한 것과 비슷한 선택을 내린 사례들을 찾아본다. 이 두 가지는 권위와 사회적 증거에 호소할 수

있는 아주 좋은 선택이다.

다른 상황을 상상해보자. 당신은 건강에 좋은 아이스크림을 파는 회사의 영업사원이다. 그리고 학부모 모임의 대표와 만남을 가졌다고 하자. 여기서 대표가 아이스크림을 사게 만들 수 있으면 당신의 영업실적은 올라갈 것이고 아주 좋은 일들이 기다리고 있을 것이다. 어떻게 학부모 모임의 대표를 설득할 수 있을까?

호감과 일치성의 원칙을 사용할 수 있을 것이다. 먼저 학부모 모임의 대표가 나를 좋아하게 만든다. 여기서 주로 사용되는 전략은 칭찬과 동질성 찾기이다. 학부모 모임의 대표는 상당한 책임감과 리더십을 필요로 하기에 그 점을 칭찬해줄 수 있다. 그리고 상대방과 나 사이에 공통되는 긍정적인 요소가 있다면 그것을 드러내는 것도 아주 좋은 방법이다.

다음으론 상대방이 학부모 모임의 대표로써 자부심을 느끼고 있는 것 중에 당신의 아이스크림을 구매하는 데 도움될 부분을 상기시켜주는 것이다.

"어머님, 아이들한테 신경 많이 쓰는 게 느껴지시네요. 그런 분들이 요새 제일 신경 쓰는 것이 아이들한테 화학약품 들어간

식품 말고 유기농 식품 먹이는 건데 어머님 학교는 어떠세요?"

"물론 저희 학교도 그래요. 저희는 김밥도 좋은 재료 쓰는 데서 사서 먹여요."

이렇게 되면 상황은 정리되었다고 봐도 좋다. 상대방은 아이들에게 화학약품이 많이 들지 않은 유기농 식품을 먹이는 사람이라는 정체성을 드러냈고 그 정체성을 유지하려고 한다. 당신의 아이스크림을 구매하지 않고는 힘들 것이다.

또 다른 예를 보자. 사무실을 옮기려고 부동산을 방문했다. 부동산 대표는 묘한 버릇이 있는데 손님이 오면 무언가를 계속 주는 것이다. 초콜릿, 차, 커피, 정보 등 상대방이 좋아할 만한 것을 계속 준다. 이 부동산과 몇 년간 일을 같이 해왔는데 그 이유는 이 사람이 나에게 좋은 것을 주기 때문이다.

그 과정에서 많은 자영업자들이 필수적으로 익혀야할 설득의 기술을 전혀 익히지 못하고 있다는 것을 깨달았다. 중요한 것은 고객에게 무언가를 받기 전에 무언가를 주는 것이다. 고객은 무언가를 받게 되면 정도는 달라도 심리적 빚 또는 감사한 마음을 가지게 되고 그것은 더욱 큰 거래로 이어지는 계단이 된다.

그리고 고객의 연락처를 물어볼 때도 연락처를 달라고 하기 전에 먼저 자신의 명함을 주는 것이 관계 형성에 도움이 된다. 이것이 '호혜성' 또는 '상호성'의 원리이다.

이사할 공간을 알아보면서 한 공간이 내 마음에 쏙 들었다. 하지만 월세가 생각보다 약간 비싼 감이 있었다. 그래서 나는 과감한 설득을 해보기로 했다. 바로 부동산과 건물주가 세입자에게 사용하는 '희귀성 어필 전략'을 거꾸로 적용해본 것이다. 부동산에 가면 자주 듣는 이야기가 있다.

"빨리 결정 안 하시면 이거 나갑니다."

이것은 물건의 희귀성을 어필하며 설득력을 올리고 계약을 효과적으로 성사시키려는 설득 전략이다. 그래서 중개사에게 이렇게 말했다.

"제가 한 번 사무실 잡으면 4~5년 있는 거 아시죠? 3일 안에 결정을 해야 해서 여러 군데를 보고 있는데 이곳과 다른 한 곳이 무척 마음에 드네요. 다른 한 곳은 이곳보다 10만원 저렴했어요.

만약 이곳의 건물주께서 월세를 10만 원 정도 할인해주실 수 있다면 바로 이곳으로 결정하겠지만 내일 안에 그렇게 되지 않으면 아쉽게도 다른 곳을 가야 할 것 같다고 전해주시기 바랍니다."

나는 월세를 할인 받아서 그 사무실에 들어갔다. 경기가 어려울 때 오래 있는 세입자는 희귀하기 때문이다.

여섯 가지 설득의 원칙을 잘 기억해두고 적절한 때에 사용해보자. 원하는 반응을 얻어낼 수 있도록 설득하기 위해서는 상대방과 상황마다 다른 원칙을 적용해야 한다. 상황마다 다르게 적용되는 원칙들을 재빠르게 제대로 사용하기 위해서는 연습이 필요할 것이다.

부담스러운
말을 할 때는
N자를 그려라

    사람들과 관계를 가지다보면 솔직하게 말해야 하는데 부담 스러울 때가 있다. 분명히 말을 해주는 것이 관계에 도움이 되지 만 말을 하면 '상대방이 기분 나빠하진 않을까, 나를 안 좋게 보 진 않을까'하는 걱정이 들기도 한다. 상대의 부탁을 거절해야 한 다거나 상대방에게 솔직한 피드백을 주어 행동을 고치도록 해야 할 때가 그런 경우일 것이다.

    상대방에게 일을 부탁하고 결과를 받았는데 그것이 내가 원하는 것과 다른 결과물을 받았다. 다시 해달라고 솔직하게 말하는 것이 필요하지만 부담스럽다. 비슷한 경험이 여러분들에게도 있었을 것이다.

그럼 우리는 왜 이러한 상황을 부담스러워 할까? 그 이유는 내가 한 말이 '상대방과의 관계를 해치지 않을까, 상대방이 무례하다고 여길까' 걱정이 되기 때문이다. 그리고 이러한 걱정은 타고난 위험을 피하고자 하는 기질을 가지고 있을수록 좀 더 자주하게 된다. 또는 상대방이 나에 비해서 높은 지위를 가지고 있을 때 비교적 자주 일어나기도 한다.

이런 걱정을 쓸데없다고 생각해서는 안 된다. 왜냐하면 정말로 그러한 일이 일어날 가능성이 높기 때문이다. 옛날 이야기를 보면 타락한 임금 옆에는 언제나 듣기 좋은 말만 하는 간신배들이 있고 충언을 하는 사람들의 목은 댕강하고 날아가는 장면들이 많다. 그것은 픽션에만 있는 이야기가 아니라 역사적으로 반복되어온 일종의 패턴이다. 올바른 말은 하였지만 그 결과 관계가 상하여 나에게 해로 돌아오는 일은 분명히 가능성이 있는 일이다.

안 좋은 말을 듣거나 인사권자에게 인사고과를 안 좋게 받거나 어떤 공적이지 않은 혜택에서 제외되는 불이익을 겪을 수 있다. 이런 불이익 때문에 솔직하기 어려울 수도 있지만 삼재석 위험과 불안, 걱정에 민감하게 반응하고 많이 느끼는 성격을 가진 사람들이 있다. 이런 성격요인을 가진 사람일수록 문제와 갈등을 회피하려고 해서 솔직함의 결과로 따라오는 불이익과는 정반대의 불이익을 자주 겪게 된다. 바로 적절한 피드백을 주지 못해서 관계의 투명성이 떨어지고 일이 어그러지게 되는 것이다.

A는 자존감이 낮은 편이다. 어떤 공연 표를 얻게 되었는데 친구 세 명이 동시에 그 표를 얻고 싶어 했다. 하지만 A는 셋 중 누구에게도 표를 줄 수 없다는 이야기를 하고 싶지 않았다. 세 친구는 서로 자신이 표를 가질 수 있을 것이라 생각했다. 공연이 바로 앞까지 다가와서야 한 명에게 표를 주었다. 결국 세 사람 모두에게 욕을 먹었다. 미리 표를 줄 수 없다는 사실을 말하지 않았다고 말이다.

필요하지만 꺼내기 불편한 이야기를 해야 할 때는 어떻게 해야 할까? 누군가가 내 말에 불편함을 느끼고 날 싫어한다면 그 말의 내용 때문에 나를 싫어하는 게 아니다. 그 말이 만든 감정 때문에 나를 불편하게 여기는 것이다. 문제는 말의 내용이 아니라 그 말이 만드는 감정이다. 이 감정을 불편하고, 부정적이게 만들지 않는다면 우리는 어떤 말을 해도 그 사람의 미움을 받지 않을 수 있다.

이렇게 감정을 나쁘지 않게 만들면서 솔직한 이야기를 하는 것을 'N자 그리기'라고 한다. 지금 손가락을 들어 대문자 N을 그려보자. 손가락이 올라가면 기분이 좋아지고, 내려가면 안 좋아지는 것이다. N자를 그리고 나면 마지막에는 기분이 좋은 상태이다. 솔직한 말을 하기 전에 우선 상대의 감정을 긍정적인 상태로 이끈 후에 메시지를 전달한다. 솔직하게 말하고는 다시 상대방의 감정을 긍정적으로 이끈다.

만약 사무실에서 일하는 인턴이 써온 보고서가 마음에 들지 않는다고 치자. 처음부터 다시 써야 할 것 같을 때 인턴의 얼굴에 종이를 던지며 다시 써오라고 하는 것은 수직낙하 말하기다. N자 말하기는 다음과 같다.

"○○씨 업무하는 걸 보면 열정 있고 잘 배우고 있는 게 느껴집니다. 정말 잘 배워요. 이 보고서도 요령을 조금만 배우면 더 좋아질 것입니다. 이렇게 한 번 고쳐 보세요. 금방 배우니 감을 잡을 겁니다."

먼저 잘 배우고 있다는 것과 열정에 대한 칭찬으로 긍정적인 마음상태를 만들어준다. 그리고 솔직하지만 모욕적이지 않은 방식으로 메시지를 전달한다. 그리고 다시 칭찬과 미래에 대한 긍정적 예측을 줌으로써 상대방은 기분 좋게 보고서를 더 잘 쓰는 법을 학습하게 된다.

마지막으로 N자에서 상대의 기분을 위로 올릴 수 있는 방법에는 무엇이 있을까? 여러 가지가 있지만 거의 모든 상황에서 사용될 수 있는 네 가지 방법이 있다.

1 공감   2 칭찬   3 감사   4 격려

상대방의 처지에 공감하고, 장점을 칭찬해주며 감사를 전한다. 그리고 상대방의 가능성을 지지하고 격려해주는 것이다. 여기서도 중요한 것은 자신이 부담을 피하기 위해서 빈말을 하는 것이 아닌 진심을 담아 상대방에게 긍정적인 말을 해주는 것이라고 할 수 있겠다.

호감을
불러내는
말하기 공식

연구에 따르면 '자기 자신에 대해서 이야기 할 때' 음식, 섹스, 돈, 약물 등에 대한 흥분을 담당하는 뇌의 부분이 흥분되는 것으로 밝혀졌습니다.

—하버드 대학의 뇌 과학 연구진

우리는 왜 맛있는 것, 성적인 것, 돈을 좋아할까? 그것은 우리의 뇌가 특정한 방식으로 흥분하여 그것에 다가가라고 머릿속에서 소리치기 때문이다.

세상에 맛있는 거 싫어하는 사람 없고 아름다운 이성을 싫어하는 사람이나 돈을 싫어하는 사람이 없다. 그리고 하버드 대학의 연구진에 따르면 자신의 이야기를 할 수 있게 해주는 사람을 싫어하는 사람도 없고 한다.

일본의 소설가 마루야마 켄지는 엄청난 통찰이 담긴 말을 했다.

"최고의 유흥은 술도, 여자도 아니다. 최고의 유흥은 당신을 떠받들어 주는 사람을 몇 명 데려다 두고 당신 이야기를 해대는 것이다."

다른 사람이 나를 좋아하게 만들기 위해서는 어떻게 해야 할까? 단순히 그 사람에게 '이제부터 당신의 이야기를 해보시오.' 하는 것은 이상한 사람이 되기 십상이다. 안타깝지만 그렇게 뇌과학적 호감의 원리를 이용하려고 했다가는 부작용이 생긴다. 자기에 대한 이야기를 하는 것이 뇌의 쾌감 영역을 만들어내는 것은 사실이지만 실생활에서 인간의 심리는 훨씬 복잡하게 움직이기 때문이다.

이 원칙을 이용하기 전에 주의해야 할 것이 두 가지가 있다.

첫 번째는 '안전감'을 고려해야 한다. 자신에 대해서 말하는 것이 안전하게 느껴지지 않는데 생각을 말하도록 몰아붙이면 상대는 불쾌함을 느낀다.

두 번째는 에너지의 균형을 생각해야 한다. 어떤 사람이랑 이야기하다보면 무척 피곤함을 느끼게 되는 경우가 있다. 그러한 유형 중 하나는 계속해서 질문에 이은 질문을 반복하여 무의식적으로 그 사람에게 거부감을 느끼는 유형이다.

다시 말하면 두 사람이 안전한 상황에서 에너지의 균형을 가지고 상대방이 자신에 대한 이야기를 할 수 있게 돕는 것이 요령이다. 다음은 오래전부터 사용되는 황금공식이다.

---

1 자신의 감정과 무의식의 상태를 컨트롤 하기

2 신뢰관계를 무의식 수준에서부터 쌓아 올리기

3 상대방이 자신을 표현하는 것을 쉽게 만들기

4 잘 구성된 질문하기

5 상대방의 감정을 메아리처럼 격려하기

제일 먼저 자기 자신의 감정과 무의식의 상태를 컨트롤해야 한다. 상대와 호감 있는 관계를 가지기 위해선 먼저 커뮤니케이션을 위한 준비가 되어야 한다. 자율신경계가 안정되어 있고 상대방이 보내는 신체언어를 민감하게 느낄 수 있어야 한다.

설득을 할 때는 '일정한 리듬의 호흡(2초 들숨, 2초 날숨)', '신체를 여는 것(등을 세우고 가슴을 여는 것)'을 통해서 자신의 몸을 통제하고 감정 상태가 이어서 움직이게 하는 것이다.

신뢰관계를 무의식 수준에서부터 쌓아올리는 것은 강력하고 무서운 기술이다. 여러 가지 방법이 있지만 가장 흔한 방법은 상대방의 무의식적 신체언어를 맞추어주는 것이다. 상대방의 자세, 개인적 공간의 범위를 인식하고 그것을 그대로 따라한다. 이것을 2분에서 3분으로 늘려 유지하고 있는 것만으로 상대방은 자기도 모르게 친밀감을 가지게 된다.

그 다음은 상대방이 언어적으로 자신을 표현하는 것을 쉽게 만들어주는 단계이다. 'GO First'라는 원칙에 따라 내가 먼저 자신에 대한 이야기를 한다. 중요한 것은 감정이 담긴 이야기를 하는 것이다. 감정은 무엇이든 괜찮지만 먼저 꺼내는 이야기의 감정이 그 상황의 감정 톤을 결정함으로 좋아하는 감정적 이야기를 하는 것이 좋다.

질문을 통해 상대방의 감정적 스토리를 이끌어낸다. "여행 좋아하세요?"라는 단순한 질문보다는 "지금까지 다녀본 여행지 중에 가장 감동을 느낀 곳은 어디였나요?"처럼 감정적 이미지를 끌어낼 수 있는 질문을 하는 것이 좋다. 중요한 것은 여행지가 아니라 그 사람의 감동이다.

상대방의 감정을 메아리처럼 격려해주면서 상대방이 자신의 감정을 강하게 느끼면서 이야기하게 돕는 기법이다.

"가장 감동받았던 여행은 중국에서 미슐랭 2성 레스토랑을 갔을 때입니다. 티 소믈리에와 와인 소믈리에, 중국술 소믈리에가 모두 내게 인사를 했어요. 그때 내가 정말 대접을 받고 있다는 느낌이 팍 들었어요."

"중국에 가셨었군요." 보다는 "와, 정말 그런 대접은 기분이 좋겠어요."라고 피드백을 한다. 피드백을 통해 상대방을 자극하는 지점을 다르게 할 수 있다.

  이렇게 5단계를 통해서 상대방 안의 감정을 이끌어낸다. 상대방이 군침 도는 음식, 매혹적인 이성, 빠져나올 수 없는 마약이 눈앞에 있을 때 느끼는 쾌감 반응을 상대방의 뇌 속에서 폭죽 터트리듯 일으킬 수가 있다. 물론 당신이 오직 자신만을 위해서가 아닌 상대방과 나의 Win-Win을 목적으로 한다면 말이다.

상처 받지 않고 상처 주지 않는

착한 갑이
되는 기술

펴낸날   초판 1쇄 2019년 09월 27일

지은이   코치 알버트

펴낸이   강진수
편집팀   김은숙, 이가영
디자인   임수현

인 쇄   삼립인쇄㈜

펴낸곳   (주)북스고 | **출판등록**   제2017-000136호 2017년 11월 23일
주 소   서울시 중구 퇴계로 253 (충무로 5가) 삼오빌딩 705호
전 화   (02) 6403-0042 | **팩 스**   (02) 6499-1053

ⓒ 코치 알버트, 2019

ISBN   979-11-89612-36-8   03320

이 도서의 국립중앙도서관 출판예정도서목록(CIP)은 서지정보유통지원시스템 홈페이지(http://seoji.nl.go.kr)와
국가자료종합목록시스템(http://kolis-net.nl.go.kr)에서 이용하실 수 있습니다. (CIP제어번호 : CIP2019037083)

책 출간을 원하시는 분은 이메일 booksgo@naver.com로 간단한 개요와 취지, 연락처 등을 보내주세요.

Booksgo 는 건강하고 행복한 삶을 위한 가치 있는 콘텐츠를 만듭니다.